미래와 통하는 책

동양북스 외국어
베스트 도서

700만 독자의 선택!

KB177595

새로운 도서,
다양한 자료
동양북스
홈페이지에서
만나보세요!

www.dongyangbooks.com
m.dongyangbooks.com

※ 학습자료 및 MP3 제공 여부는 도서마다 상이하므로 확인 후 이용 바랍니다.

홈페이지 도서 자료실에서 학습자료 및 MP3 무료 다운로드

PC

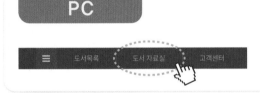

❶ 홈페이지 접속 후 도서 자료실 클릭
❷ 하단 검색 창에 검색어 입력
❸ MP3, 정답과 해설, 부가자료 등 첨부파일 다운로드
 * 원하는 자료가 없는 경우 '요청하기' 클릭!

MOBILE

* 반드시 '인터넷, Safari, Chrome' App을 이용하여 홈페이지에 접속해주세요. (네이버, 다음 App 이용 시 첨부파일의 확장자명이 변경되어 저장되는 오류가 발생할 수 있습니다.)

❶ 홈페이지 접속 후 ☰ 터치

❷ 도서 자료실 터치

❸ 하단 검색창에 검색어 입력
❹ MP3, 정답과 해설, 부가자료 등 첨부파일 다운로드
 * 압축 해제 방법은 '다운로드 Tip' 참고

フウリン

かとりぶた

히라가나 가타카나 쓰기노트

だんご

ねこ

서만식, 손석의, 박영숙, 동양북스 외국어연구소

スイカ

📖 동양북스

히라가나
가타카나
쓰기노트

초판 7쇄 | 2024년 9월 10일

지은이 | 서만식, 손석의, 박영숙, 동양북스 외국어연구소
발행인 | 김태웅
책임 편집 | 길혜진, 이서인
디자인 | 남은혜, 김지혜
마케팅 총괄 | 김철영
온라인 마케팅 | 김은진
제 작 | 현대순

발행처 | (주)동양북스
등 록 | 제 2014-000055호 (2014년 2월 7일)
주 소 | 서울시 마포구 동교로22길 14 (04030)
구입 문의 | 전화 (02)337-1737 팩스 (02)334-6624
내용 문의 | 전화 (02)337-1762 dybooks2@gmail.com

ISBN 979-11-5768-797-8 13730

"올해도 작심삼일로 끝나 버렸어요."
"あ행 이후로 잘 외워지지 않아요."

올해도 독학을 결심한 일본어는 계획대로 잘 진행되고 있나요?
흔히들 일본어는 배우기 쉬운 언어라고 합니다. 하지만 아무리 쉽다 하더라도 분명 외국어이기에 포기하고 싶어지는 순간은 한 번씩 찾아오는데요. 많은 문자를 막연히 달달 외우고 있기만 하다면 올해도 책 앞부분만 까맣게 될지도 모릅니다. 이제 더는 이런 불상사를 지켜볼 수 없어 여러분들의 소중한 시간은 아끼고, 의욕은 2배로 높여주는 책을 준비했습니다.

이 책은 여러분들이 위기에 부딪혔을 때 포기하지 않고 끝까지 완주할 수 있도록 이끌어주는 교재로, 다른 교재와 달리 4가지의 큰 특징을 가집니다.

❶ 따라만 써도 외워질 수 있도록 반복 학습으로 쓰기를 구성했습니다.
❷ 단순히 일본어 문자뿐만이 아니라 기본 단어와 인사 표현까지 함께 마스터할 수 있습니다.
❸ 풍부한 확인 문제와 총정리 쓰기로 여러분들의 복습까지 책임집니다.
❹ 암기를 도와주는 일본어 문자 강의와 네이티브 음성으로 더 쉽게 외울 수 있습니다.

그저 손만 움직이는 지겨운 쓰기의 반복이 아닌, 책에서 제시한 반복 학습으로 쓰기를 따라가다 보면 제목대로 하루 만에 문자를 완성할 수 있을 겁니다. 기본 단어와 인사표현까지 함께 마스터할 수 있으니 문자를 넘어서 다음 단계로 나아갈 수 있기를 바랍니다. 그래도 쓰기 학습이 지겹게 느껴지신다면 책에 포함된 영상과 네이티브 MP3를 적극 활용해 주세요. 보고 듣고 쓰기 이 세 가지를 부담 없이 한 장씩 넘기면서 써 내려가면 어느새 히라가나와 가타카나를 술술 외우고 있는 자신을 발견할 수 있을 겁니다.

부록에는 일본어로 키보드 치는 법, 메뉴판 따라 쓰기 등 한 박자 쉬어갈 수 있는 코너도 마련해 놓았습니다. 〈오늘 쓰고 다 외웠습니다-히라가나 가타카나 쓰기노트〉는 일본어를 처음 접하는 모든 분이 가장 쉽게 공부할 수 있도록 구성된 기초 일본어 끝판왕이라고 볼 수 있습니다. 이 책으로 일본어를 쉽고 재미있게 공부하시길 바라며, 처음 다짐했던 목표도 꼭 달성하시길 바랍니다.

저자 일동

이 책의 구성

이 책은 혼자서도 히라가나 가타카나를 어려움 없이 즐기면서 익힐 수 있습니다. 무료로 제공되는 영상과 네이티브 음원으로 함께 공부해 주세요.

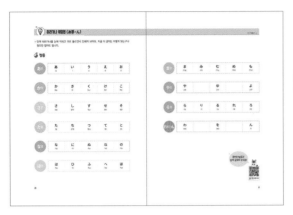

워밍업

히라가나와 가타카나를 본격적으로 배우기 전에 먼저 이 문자를 어떻게 읽는지 확인해 보는 시간입니다.

문자 획순 익히기

올바른 문자의 획순을 익힐 수 있습니다.
앞에서 익힌 문자를 단어로 다시 한번 쓰면서 외워보세요.

각 행을 연습하고 바로 확인할 수 있는 연습문제를 준비했어요!

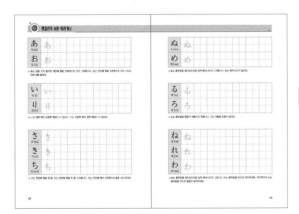

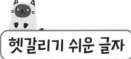

헷갈리기 쉬운 글자

혼동하기 쉬운 히라가나와 가타카나를 모아 서로 비교하며 연습할 수 있습니다.

연습문제

풍부한 확인문제를 통해 학습한 내용을 다시 한번 확인할 수 있습니다.

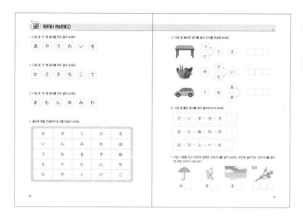

학습한 히라가나와 가타카나를 혼자 힘으로 써 보아요!

부록

가장 기본이 되는 인사 표현과 히라가나 가타카나 같이 쓰기를 준비했습니다.

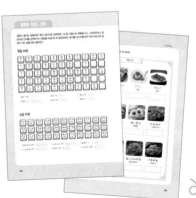

일본어로 키보드 치는 법과 재밌는 일본어 따라쓰기
코너도 있어요!

일본어는 히라가나, 가타카나, 한자 등 세종류의 문자를 사용하여 표기합니다.

히라가나(ひらがな)

히라가나는 일본어를 읽고 쓸 때 가장 많이 사용되는 문자입니다. 총 46개의 글자로 이루어져 있으며, 한자의 초서체를 바탕으로 만들어졌습니다. 각지지 않는 곡선 모양의 글자가 많으며 조사, 조동사, 부사, 접속사등에 사용됩니다.

행 단	あ행	か행	さ행	た행	な행	は행	ま행	や행	ら행	わ행	ん
あ단	あ a	か ka	さ sa	た ta	な na	は ha	ま ma	や ya	ら ra	わ wa	ん n
い단	い i	き ki	し shi	ち chi	に ni	ひ hi	み mi		り ri		
う단	う u	く ku	す su	つ tsu	ぬ nu	ふ hu	む mu	ゆ yu	る ru		
え단	え e	け ke	せ se	て te	ね ne	へ he	め me		れ re		
お단	お o	こ ko	そ so	と to	の no	ほ ho	も mo	よ yo	ろ ro	を wo	

⭐ 히라가나, 가타카나, 한자 사용 예시

가타카나(カタカナ)

가타카나는 한자의 일부를 생략해서 만들어진 문자로 히라가나에 비해 쓰임이 한정적입니다. 주로 외래어, 의성어, 의태어, 속어, 발음 등의 표기에 널리 사용되며, 특별히 강조하고 싶은 표현을 나타낼 때도 사용됩니다. 가타카나는 각진 직선 모양의 글자가 많습니다.

행 / 단	ア행	カ행	サ행	タ행	ナ행	ハ행	マ행	ヤ행	ラ행	ワ행	ン
ア단	ア a	カ ka	サ sa	タ ta	ナ na	ハ ha	マ ma	ヤ ya	ラ ra	ワ wa	ン n
イ단	イ i	キ ki	シ shi	チ chi	ニ ni	ヒ hi	ミ mi		リ ri		
ウ단	ウ u	ク ku	ス su	ツ tsu	ヌ nu	フ hu	ム mu	ユ yu	ル ru		
エ단	エ e	ケ ke	セ se	テ te	ネ ne	ヘ he	メ me		レ re		
オ단	オ o	コ ko	ソ so	ト to	ノ no	ホ ho	モ mo	ヨ yo	ロ ro	ヲ wo	

한자

일본도 우리나라와 마찬가지로 한자를 사용하는 한자 문화권입니다. 일본어의 한자는 약자로 표기하며, 읽는 방식으로는 음으로 읽는 음독과 뜻으로 읽는 훈독이 있습니다. 읽는 방법에 따라 의미가 달라지니 잘 구분하여 공부해야 합니다.

人
사람 인

음독
❶ じん
　人口(じんこう) 인구

❷ にん
　人気(にんき) 인기

훈독　ひと　사람

차례

히라가나 연습노트

가타카나 연습노트

부록

がんばって！

히라가나
연습노트

ひらがな

- ⊘ 청음
- ⊘ 탁음
- ⊘ 반탁음
- ⊘ 요음
- ⊘ 촉음
- ⊘ 발음
- ⊘ 장음

* 먼저 히라가나를 눈에 익히고 귀로 들으면서 친해져 보아요. 지금 이 글자는 이렇게 읽는구나 정도만 알아도 됩니다.

 청음

あ행	あ a	い i	う u	え e	お o

か행	か ka	き ki	く ku	け ke	こ ko

さ행	さ sa	し shi	す su	せ se	そ so

た행	た ta	ち chi	つ tsu	て te	と to

な행	な na	に ni	ぬ nu	ね ne	の no

は행	は ha	ひ hi	ふ hu	へ he	ほ ho

ま행	ま ma	み mi	む mu	め me	も mo

や행	や ya		ゆ yu		よ yo

ら행	ら ra	り ri	る ru	れ re	ろ ro

わ행·ん	わ wa		を wo		ん n

원어민 발음과
함께 공부해 보세요!

올인원 페이지

あ 아 [a]

 あいうえお

일상 단어와 같이 알아보기

 • あい [아이] 사랑

 발음 우리말 '아'와 발음이 거의 같습니다.

✏️ **순서대로 쓰기**

一　十　あ

あ	あ		
あ	あ		
あ	あ		
あい	あい		

いい[i]

あいうえお

일상 단어와 같이 알아보기

 · いえ [이에] 집

 발음　우리말 '이'와 발음이 거의 같습니다.

✏️ **순서대로 쓰기**

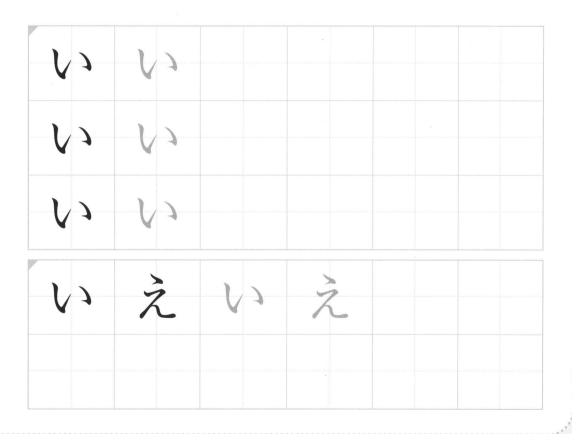

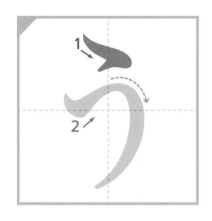

う 우 [u]

あいうえお

일상 단어와 같이 알아보기

 · うえ [우에] 위

 발음 아행에서 가장 주의해야 할 발음입니다. 입술을 둥글게 하지 않고
약간만 내밀어서 부드럽게 발음합니다. '으'와 '우'의 중간 발음과 비슷합니다.

 순서대로 쓰기

う

う	う				
う	う				
う	う				

う	え	う	え		

え 에 [e]

あ い う え お

일상 단어와 같이 알아보기

 ・ え [에] 그림

 발음   우리말 '애'와 '에'의 중간 정도의 발음입니다.

✎ 순서대로 쓰기

え

え	え			
え	え			
え	え			

え	え			

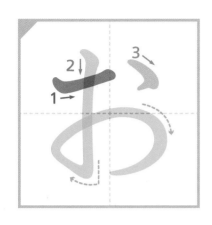

お 오 [o]

あ い う え お

일상 단어와 같이 알아보기

 · **あおい** [아오이] 파랗다

발음 '오'와 거의 비슷하지만, 입술을 내밀지 않고 발음합니다.

순서대로 쓰기

＼ お お

お	お			
お	お			
お	お			

あ	お	い	あ	お	い

1. 다음 중 올바른 あ행의 발음을 골라 보세요.

あ	い	う	え	お
●	●	●	●	●
●	●	●	●	●
에	우	이	아	오

2. 히라가나 '아' 행을 찾아서 동그라미 해 봅시다.

おはよう　あいしてる

3. 다음 낱말을 알맞은 그림에 연결하세요.

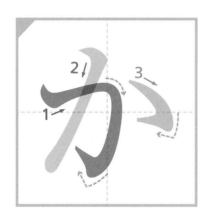

か 카 [ka]

かきくけこ

일상 단어와 같이 알아보기

✓ · あかい [아까이] 빨갛다

발음 か는 '카'나 'ka'로 표기하지만, 사실은 '가'와 '카'의 중간 정도의 음으로 발음합니다.
か가 단어의 중간이나 끝에 올 경우는 '까'로 발음합니다.

순서대로 쓰기

っ カ か

か	か			
か	か			
か	か			
あ	か	い	あ	か	い

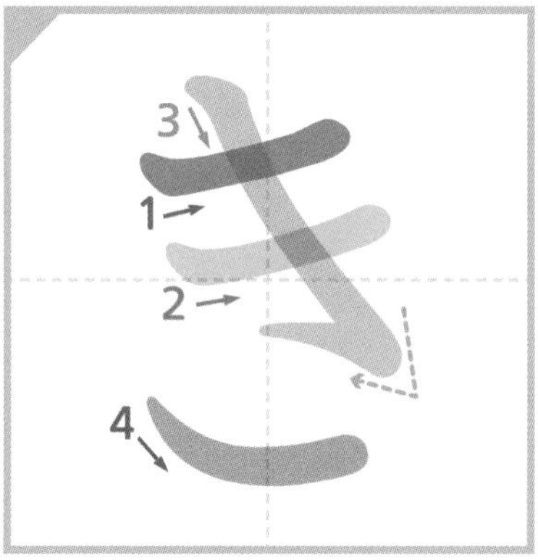

き 키 [ki]

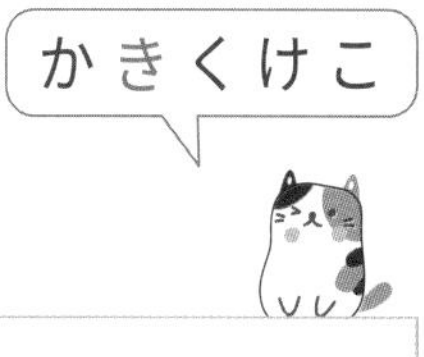

일상 단어와 같이 알아보기

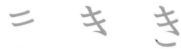

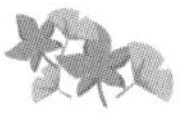 • あき [아끼] 가을

발음 か와 마찬가지로 '기'보다는 강하게, '키'보다는 약하게 발음합니다.

순서대로 쓰기

一 ニ キ き

き	き				
き	き				
き	き				

あ	き	あ	き		

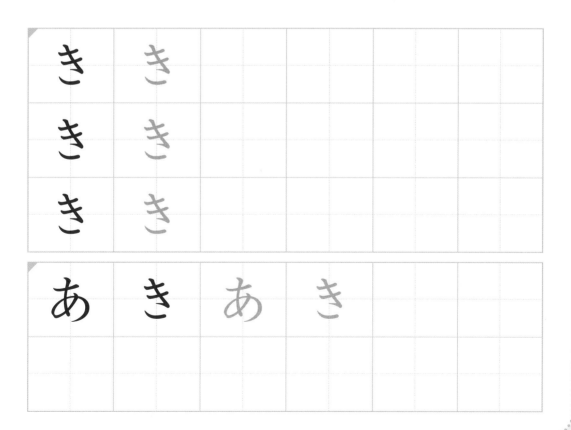

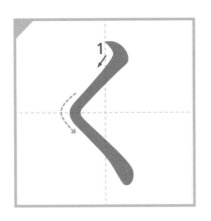

く 쿠 [ku]

일상 단어와 같이 알아보기

 • きく [키꾸] 국화

 발음　우리말 '구'와 '쿠'의 중간 정도의 발음입니다.

 순서대로 쓰기

く

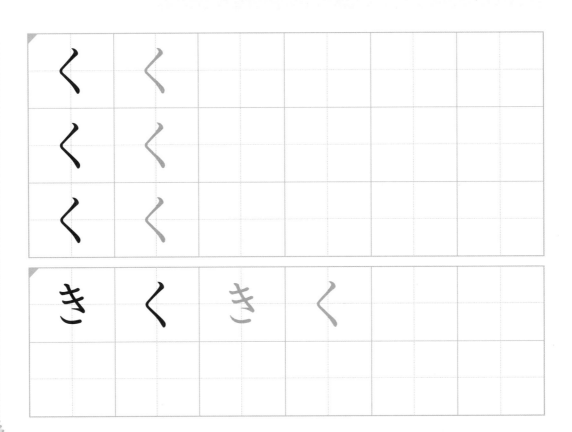

く	く				
く	く				
く	く				
き	く	き	く		

け 케 [ke]

かきくけこ

일상 단어와 같이 알아보기

 ・ いけ [이케] 연못

발음 우리말 '게'와 '케'의 중간 정도의 발음입니다.

순서대로 쓰기

い い に け

け	け			
け	け			
け	け			

い	け	い	け	

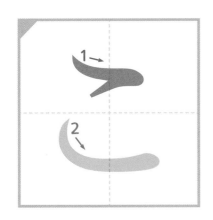

こ コ [ko]

일상 단어와 같이 알아보기

こい [코이] 잉어

🗣 **발음** 우리말 '고'와 '코'의 중간 정도의 발음입니다.

✏️ **순서대로 쓰기**

丶　こ

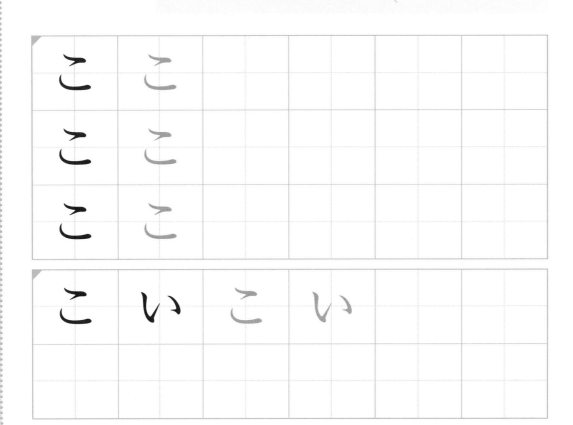

こ	こ				
こ	こ				
こ	こ				
こい		こい			

1. 다음 중 올바른 か행의 발음을 골라 보세요.

か	き	く	け	こ
●	●	●	●	●
●	●	●	●	●
케	카	코	키	쿠

2. 히라가나 '카' 행을 찾아서 동그라미 해 봅시다.

えき　くうこう　かいもの

3. 다음 낱말을 알맞은 그림에 연결하세요.

1　●　　　　　●　あかい

2　●　　　　　●　いけ

3　●　　　　　●　こい

4　●　　　　　●　あき

5　●　　　　　●　きく

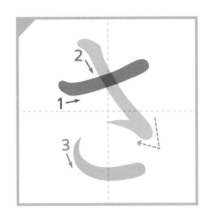

さ 사 [sa]

さしすせそ

일상 단어와 같이 알아보기

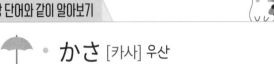

☂ · かさ [카사] 우산

발음 우리말 '사'와 발음이 거의 같습니다.

순서대로 쓰기

ー さ さ

さ	さ				
さ	さ				
さ	さ				
か	さ	か	さ		

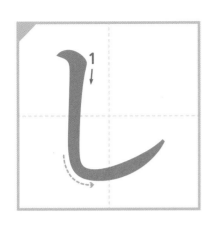

し 시[shi]

さ し す せ そ

일상 단어와 같이 알아보기

・ しお [시오] 소금

발음 '시'보다는 '쉬'에 가깝게 발음하며, 발음할 때 혀가 아래쪽으로 붙어야 합니다.

순서대로 쓰기

し

す 스 [su]

さしすせそ

일상 단어와 같이 알아보기

● ・ すし [스시] 초밥

발음 '수'보다는 '스'에 가깝게 발음합니다. 입술을 둥글게 하지 않고 너무 앞으로 내밀지 않도록 합니다.

순서대로 쓰기

一　す

す	す				
す	す				
す	す				

す	し	す	し		

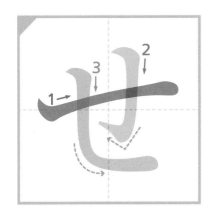

せ 세 [se]

さ し す せ そ

일상 단어와 같이 알아보기

 ・ せき [세끼] 자리

발음 우리말 '세'와 발음이 같습니다.

순서대로 쓰기

一　ナ　せ

せ	せ			
せ	せ			
せ	せ			

せ	き	せ	き	

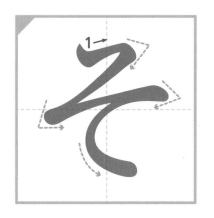

そ 소 [SO]

さしすせそ

일상 단어와 같이 알아보기

 • すそ [스소] 옷소매

 발음   우리말 '소'와 발음이 같습니다.

✎ 순서대로 쓰기

そ

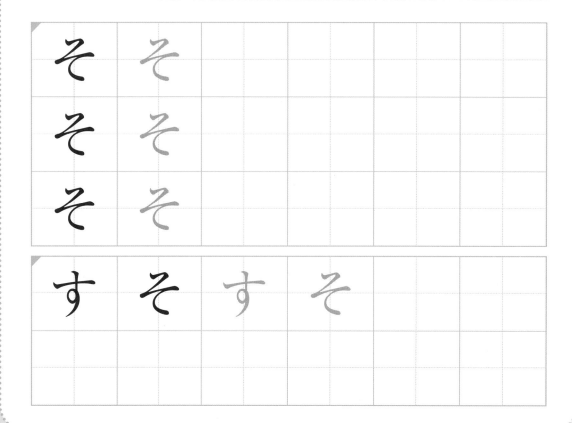

1. 다음 중 올바른 さ행의 발음을 골라 보세요.

さ	し	す	せ	そ
•	•	•	•	•
•	•	•	•	•
시	사	세	스	소

2. 히라가나 '사' 행을 찾아서 동그라미 해 봅시다.

せかい　おいしい　おやすみ

3. 다음 낱말을 알맞은 그림에 연결하세요.

1 　　•　　　　　•　かさ

2 　　•　　　　　•　せき

3 　　•　　　　　•　しお

4 　　•　　　　　•　すそ

5 　　•　　　　　•　すし

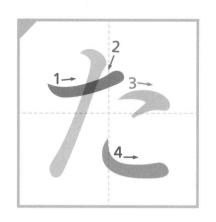

た 타 [ta]

たちつてと

일상 단어와 같이 알아보기

 ・ たかい [타까이] 비싸다

발음 우리말 '타'에 가까운 발음이지만, 단어의 중간이나 끝에 올 때는 '따'에 가깝게 발음합니다.

순서대로 쓰기

一 ナ た た

た	た				
た	た				
た	た				
た	か	い	た	か	い

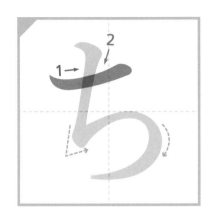

ち 치 [chi]

たちつてと

일상 단어와 같이 알아보기

 ・ **ちち** [치\|찌] 아버지

발음 '치'보다는 '찌'에 좀 더 가깝습니다.

순서대로 쓰기

一　ち

ち	ち			
ち	ち			
ち	ち			

ち	ち	ち	ち	

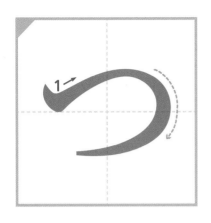

つ ち[tsu]

たちってと

일상 단어와 같이 알아보기

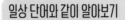

🪑 ・ つくえ [츠꾸에] 책상

 발음 혀 끝부분을 앞니 뒷면과 잇몸이 맞닿아 있는 경계선 부분에 살짝 댄 상태에서 혀로 살짝 차면서 '쯔'라고 발음합니다.

✏️ **순서대로 쓰기**

つ

て 테 [te]

たちつてと

일상 단어와 같이 알아보기

 · て [테] 손

발음 우리말 '테'와 '데' 중간 정도의 발음이지만, '테'에 좀 더 가깝습니다. 단어의 중간이나 끝에 올 때는 '떼'에 가깝게 발음합니다.

순서대로 쓰기

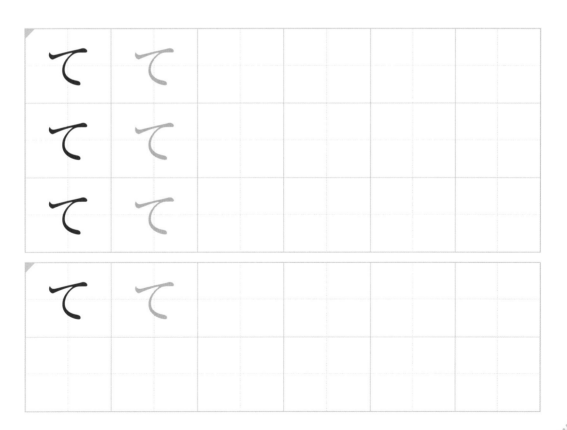

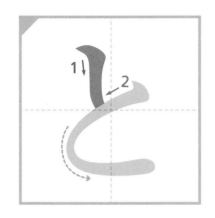

と 토 [to]

たちつてと

일상 단어와 같이 알아보기

・ そと [소또] 밖

 발음 우리말 '토'와 '도'의 중간 정도의 발음이지만, '토'에 좀 더 가깝습니다. 단어의 중간이나 끝에 올 때는 '또'에 가깝게 발음합니다.

 순서대로 쓰기

1. 다음 중 올바른 た행의 발음을 골라 보세요.

た	ち	つ	て	と
●	●	●	●	●
●	●	●	●	●
타	츠	치	토	테

2. 히라가나 '타' 행을 찾아서 동그라미 해 봅시다.

たこやき　とおい　ちかてつ

3. 다음 낱말을 알맞은 그림에 연결하세요.

1	●	● そと
2	●	● て
3	●	● つくえ
4	●	● ちち
5	●	● たかい

35

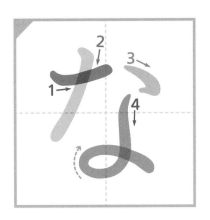

な 나 [na]

なにぬねの

일상 단어와 같이 알아보기

 · なつ [나쯔] 여름

발음 우리말 '나'와 발음이 거의 같습니다.

순서대로 쓰기

ー ナ ナ な

な	な					
な	な					
な	な					
なつ	なつ					

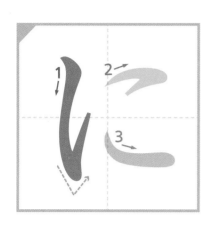

に 니 [ni]

なにぬねの

일상 단어와 같이 알아보기

・ にく [니꾸] 고기

 발음 우리말 '니'와 발음이 거의 같습니다.

순서대로 쓰기

し　じ　に

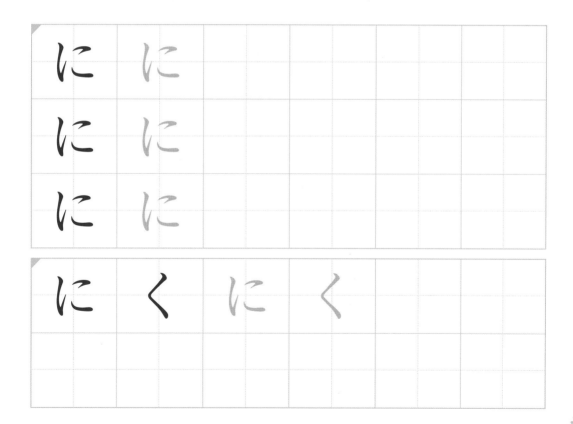

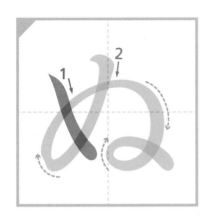

ぬ 누 [nu]

일상 단어와 같이 알아보기

 • いぬ [이누] 개

 발음　우리말 '누'와 '느'의 중간 정도의 발음입니다.

순서대로 쓰기

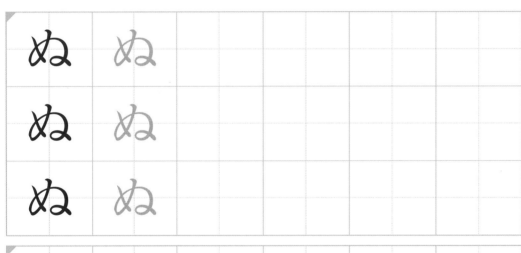

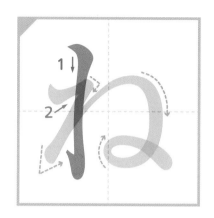

ね 네 [ne]

なにぬねの

일상 단어와 같이 알아보기

🐱 ・ ねこ [네꼬] 고양이

🔊 **발음**   우리말 '네'와 발음이 거의 같습니다.

✏️ **순서대로 쓰기**

ㄴ	ね

ね	ね				
ね	ね				
ね	ね				

ね	こ	ね	こ		

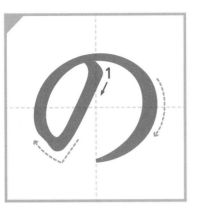

の 노 [no]

일상 단어와 같이 알아보기

 • のり [노리] 김

발음 우리말 '노'와 발음이 거의 같습니다.

순서대로 쓰기

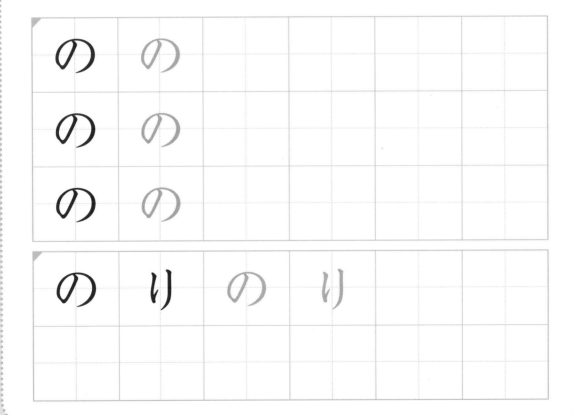

1. 다음 중 올바른 な행의 발음을 골라 보세요.

な	に	ぬ	ね	の
●	●	●	●	●
●	●	●	●	●
니	나	네	누	노

2. 히라가나 '나' 행을 찾아서 동그라미 해 봅시다.

のりまき　ない　ねる

3. 다음 낱말을 알맞은 그림에 연결하세요.

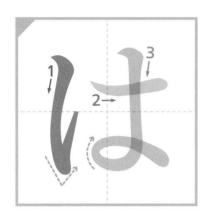

は하 [ha]

はひふへほ

일상 단어와 같이 알아보기

🌼 · はな [하나] 꽃

발음 우리말의 '하'와 발음이 거의 같습니다.

순서대로 쓰기

l　に　は

は	は			
は	は			
は	は			
は	な	は	な	

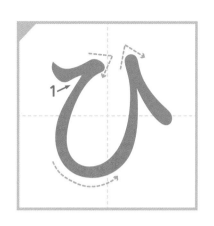

ひ 히 [hi]

はひふへほ

일상 단어와 같이 알아보기

ひと [히또] 사람

발음 우리말의 '히'와 발음이 거의 같습니다.

순서대로 쓰기

ひ

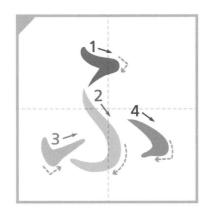

ふ 후 [hu]

일상 단어와 같이 알아보기

ふね [후네] 배, 선박

발음 우리말 '후'와 '흐'의 중간 정도의 발음입니다.

순서대로 쓰기

ゝ　ふ　ふ　ふ

ふ	ふ		
ふ	ふ		
ふ	ふ		

ふ	ね	ふ	ね

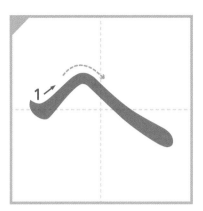

へ 헤 [he]

はひふへほ

일상 단어와 같이 알아보기

へそ [헤소] 배꼽

발음 우리말 '헤'와 발음이 거의 같습니다.

순세대로 쓰기

へ

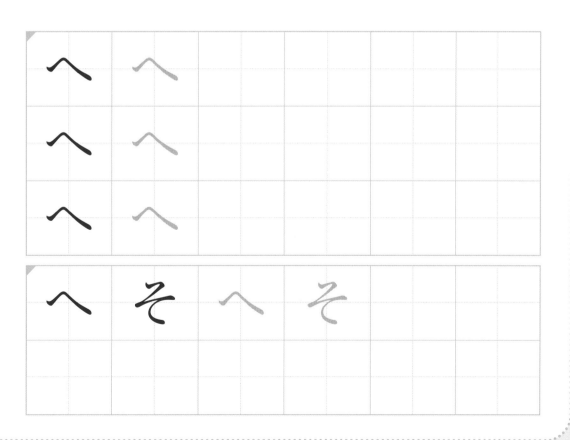

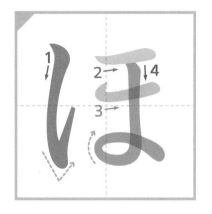

ほ 호 [ho]

はひふへほ

일상 단어와 같이 알아보기

★ · ほし [호시] 별

발음 우리말 '호'와 발음이 거의 같습니다.

순서대로 쓰기

l　に　に　ほ

ほ	ほ			
ほ	ほ			
ほ	ほ			

ほ	し	ほ	し	

1. 다음 중 올바른 は행의 발음을 골라 보세요.

は	ひ	ふ	へ	ほ
●	●	●	●	●

●	●	●	●	●
히	후	호	헤	하

2. 히라가나 '하' 행을 찾아서 동그라미 해 봅시다.

みつは　ほのお　ひこうき　へや

3. 다음 낱말을 알맞은 그림에 연결하세요.

1 　 ● 　 ● はな

2 　 ● 　 ● ひと

3 　 ● 　 ● へそ

4 　 ● 　 ● ふね

5 　 ● 　 ● ほし

ま 마 [ma]

まみむめも

일상 단어와 같이 알아보기

まめ [마메] 콩

발음 우리말 '마'와 발음이 거의 같습니다.

순서대로 쓰기 ー ニ ま

ま	ま				
ま	ま				
ま	ま				
まめ		まめ			

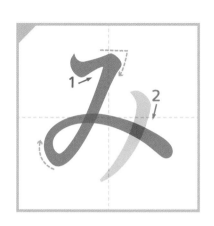

み 미 [mi]

まみむめも

일상 단어와 같이 알아보기

 ・ **みみ** [미미] 귀

 발음 우리말 '미'와 발음이 거의 같습니다.

순서대로 쓰기

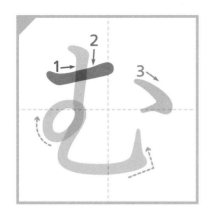

む 무 [mu]

まみむめも

일상 단어와 같이 알아보기

 ・ むすめ [무스메] 딸

발음 우리말 '무'와 '므'의 중간 정도의 발음입니다.

순서대로 쓰기

ー　む　む

む	む			
む	む			
む	む			

む	す	め	む	す	め

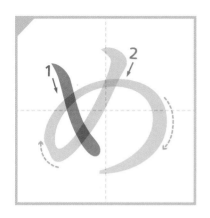

め 메 [me]

일상 단어와 같이 알아보기

 · あめ [아메] 비

발음 우리말 '메'와 발음이 거의 같습니다.

순서대로 쓰기

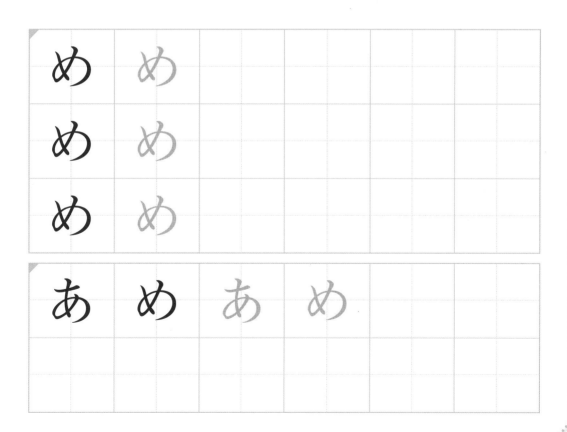

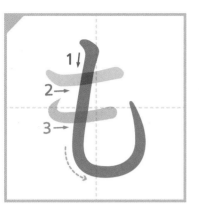

も 모 [mo]

まみむめも

일상 단어와 같이 알아보기

もち [모찌] 찹쌀떡

발음 우리말 '모'와 발음이 거의 같습니다.

순서대로 쓰기

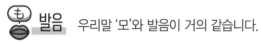
ー　　も　　も

1. 다음 중 올바른 ま행의 발음을 골라 보세요.

ま	み	む	め	も
●	●	●	●	●
●	●	●	●	●
마	무	모	미	메

2. 히라가나 '마' 행을 찾아서 동그라미 해 봅시다.

きみ　なまえ　むり　おもい

3. 다음 낱말을 알맞은 그림에 연결하세요.

1	●	●	むすめ
2	●	●	まめ
3	●	●	あめ
4	●	●	みみ
5	●	●	もち

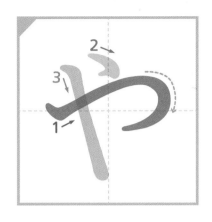

や 야 [ya]

や　ゆ　よ

일상 단어와 같이 알아보기

- やさい [야사이] 야채

 발음　우리말 '야'와 발음이 같습니다.

순서대로 쓰기

っ　う　や

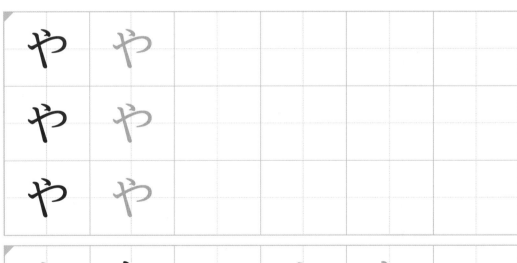

や　や

や　や

や　や

や　さ　い　や　さ　い

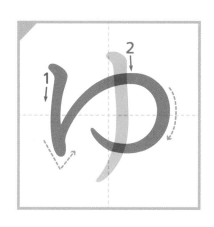

ゆ 유 [yu]

や ゆ よ

일상 단어와 같이 알아보기

 • ゆき [유끼] 눈

 발음 우리말 '유'와 거의 같지만, 입술을 앞으로 내밀지 않고 발음합니다.

순서대로 쓰기

ㅁ   ゆ

ゆ	ゆ				
ゆ	ゆ				
ゆ	ゆ				
ゆ	き	ゆ	き		

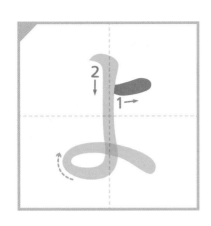

よ 요 [yo]

や ゆ よ

일상 단어와 같이 알아보기

 ・ ひよこ [히요꼬] 병아리

 발음 우리말 '요'와 거의 같지만, 입술을 앞으로 내밀지 않고 발음합니다.

 순서대로 쓰기

- よ

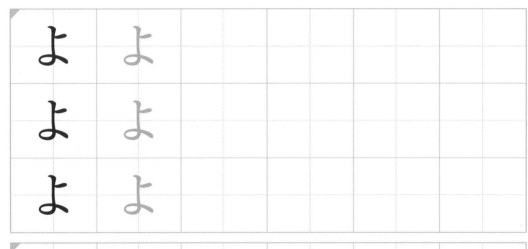

よ	よ			
よ	よ			
よ	よ			

ひ	よ	こ	ひ	よ	こ

56

1. 다음 중 올바른 や행의 발음을 골라 보세요.

や	ゆ	よ
●	●	●
●	●	●
야	요	유

2. 히라가나 '야' 행을 찾아서 동그라미 해 봅시다.

よろしく　やま　ゆくえふめい

3. 다음 낱말을 알맞은 그림에 연결하세요.

1 ●   ● ひよこ

2 ●   ● やさい

3 ●   ● ゆき

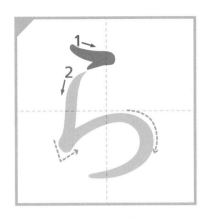

ら 라 [ra]

 らりるれろ

일상 단어와 같이 알아보기

- そら [소라] 하늘

 발음 우리말 '라'와 발음이 거의 같습니다.

순서대로 쓰기

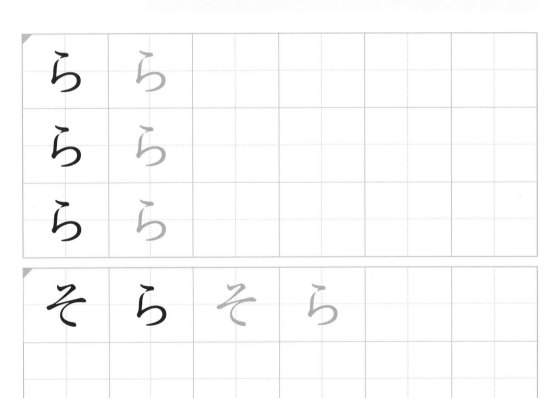

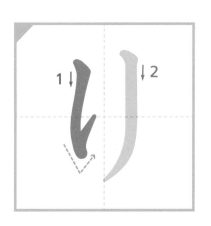

 리 [ri]

 らりるれろ

일상 단어와 같이 알아보기

 • り す [리스] 다람쥐

발음   우리말 '리'와 발음이 거의 같습니다.

순서대로 쓰기

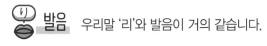

り	り			
り	り			
り	り			

り	す	り	す	

る 루 [ru]

らりるれろ

일상 단어와 같이 알아보기

🚗 • くるま [쿠루마] 자동차

 발음 우리말 '루'와 발음이 거의 같습니다. 입술을 앞으로 내밀지 않고 발음합니다.

📝 **순서대로 쓰기**

る

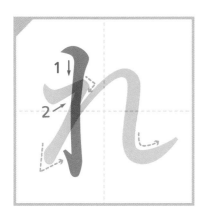

れ 레 [re]

らりるれろ

일상 단어와 같이 알아보기

 · **すみれ** [스미레] 제비꽃

발음 우리말 '레'와 발음이 거의 같습니다.

순서대로 쓰기

l　れ

れ	れ				
れ	れ				
れ	れ				

す	み	れ	す	み	れ

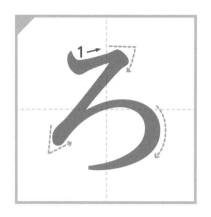

ろ 로 [ro]

らりるれろ

일상 단어와 같이 알아보기

 ・ いろ [이로] 색

 발음　우리말 '로'와 발음이 거의 같습니다.

✏️ **순서대로 쓰기**

ろ

ろ	ろ			
ろ	ろ			
ろ	ろ			

い	ろ	い	ろ

1. 다음 중 올바른 ら행의 발음을 골라 보세요.

ら	り	る	れ	ろ
라	루	리	레	로

2. 히라가나 '라' 행을 찾아서 동그라미 해 봅시다.

れんあい　さようなら　する

3. 다음 낱말을 알맞은 그림에 연결하세요.

1 ・ ・ すみれ

2 ・ ・ いろ

3 ・ ・ そら

4 ・ ・ りす

5 ・ ・ くるま

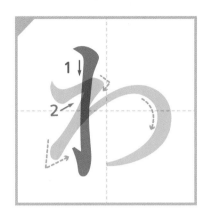

わ 와 [wa]

わ を

일상 단어와 같이 알아보기

- わたし [와따시] 나

발음 우리말 '와'와 비슷하지만, 입 모양을 크게 바꾸지 않고 부드럽게 발음하는 것이 자연스럽습니다.

순서대로 쓰기

｜ わ

わ	わ			
わ	わ			
わ	わ			
わ	た	し	わ	た	し

を 오 [WO]

わ を

일상 단어와 같이 알아보기

- ~を [〜오] ~을/를

 발음　を는 お와 발음이 같지만, '〜을/를'이라는 뜻의 조사로만 사용됩니다.

✏️ **순서대로 쓰기**

一　　ナ　　を

を	を				
を	を				
を	を				
を	を				

ん응 [ŋ]

일상 단어와 같이 알아보기

 ・ **きん** [킨] 금

 발음 '응'이라고 읽지만, 단어의 첫머리에 오는 경우는 거의 없고, 다른 음 뒤에 붙어서 'ㅁ, ㄴ, ㅇ' 받침과 같이 발음됩니다.

 **순서대로 쓰기**

1. 다음 중 올바른 발음을 골라 보세요.

わ   を   ん

와   응   오

2. 히라가나 '와' 행과 '응'을 찾아서 동그라미 해 봅시다.

わかりません　くすりをのむ

3. 다음 낱말을 알맞은 그림에 연결하세요.

1   わたし

2   きん

あ 아 [a]	あ								
お 오 [o]	お								

▷ あ는 입을 크게 벌리듯 세번째 획을 전체적으로 크게 그려줍니다. お는 두번째 획을 오른쪽으로 크게 그리고 위에 점을 붙여요.

い 이 [i]	い								
り 리 [ri]	り								

▷ い는 왼쪽 획이 오른쪽 획보다 더 깁니다. り는 오른쪽 획이 왼쪽 획보다 더 길어요.

さ 사 [sa]	さ								
き 키 [ki]	き								
ち 치 [chi]	ち								

▷ さ는 첫번째 획을 한 줄, き는 첫번째 획을 두 줄 그어줍니다. ち는 두번째 획이 오른쪽으로 볼록 나와 있어요.

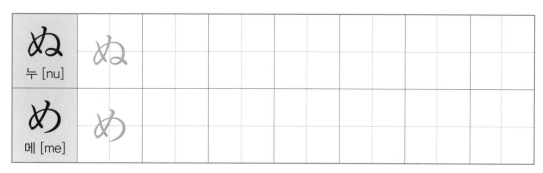

▷ ぬ는 끝부분을 돼지꼬리처럼 살짝 삐져나오게 그려줍니다. め는 삐져나오지 않아요.

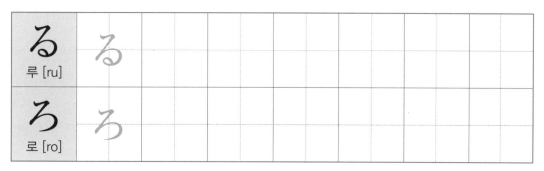

▷ る는 끝부분을 둥글게 매듭으로 만듭니다. ろ는 매듭을 만들지 않아요.

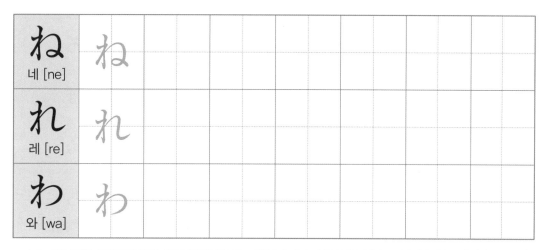

▷ ね는 끝부분을 돼지꼬리처럼 살짝 삐져나오게 그립니다. れ는 끝부분을 밖으로 꺾어주세요. 마지막으로 わ는
끝부분을 안으로 둥글게 말아주세요.

1. 다음 중 '아' 행 글자를 모두 골라 보세요.

| あ | や | う | れ | い | を |

2. 다음 중 '카' 행 글자를 모두 골라 보세요.

| か | さ | き | ち | こ | て |

3. 다음 중 '마' 행 글자를 모두 골라 보세요.

| ま | も | ん | ゆ | み | わ |

4. 올바른 행을 연결하여 빙고를 만들어 보세요.

か	き	く	け	ろ
い	ん	み	れ	ほ
う	も	る	す	ぬ
え	り	た	に	ち
ら	や	く	け	こ

5. 다음 중 올바른 글자를 골라 단어를 완성해 보세요.

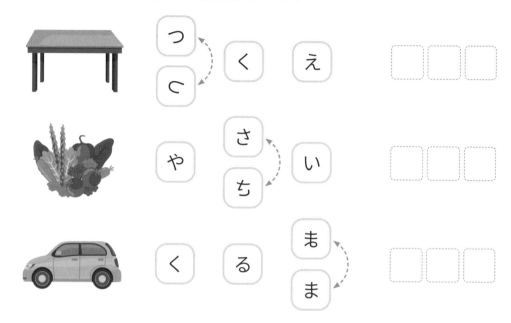

6. 다음 중 틀린 글자를 찾아 올바르게 써 보세요.

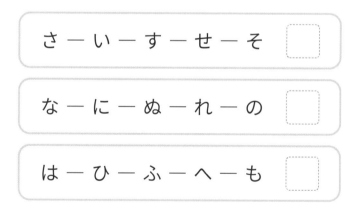

さ ― い ― す ― せ ― そ

な ― に ― ぬ ― れ ― の

は ― ひ ― ふ ― へ ― も

7. 다음 그림을 보고 빈칸에 알맞은 히라가나를 넣어 보세요. 빈칸에 들어가는 히라가나를 합치면 어떤 단어가 나오나요?

정답

か ☐   き ☐   そ ☐   ☐ ☐ ☐

탁한 발음 〈탁음〉

 앞에서 배운 히라가나 청음에 작은 점 두 개를 붙이면 발음이 탁해집니다.
카, 사, 타, 하행에만 붙으며 가, 자, 다, 바행으로 바뀌게 됩니다.

✦ が행

が	ぎ	ぐ	げ	ご
가	기	구	게	고
[ga]	[gi]	[gu]	[ge]	[go]

かがみ
かがみ
거울

かぎ
かぎ
열쇠

かぐ
かぐ
가구

たまご
たまご
달걀

✦ ざ행

ざ	じ	ず	ぜ	ぞ
자	지	즈	제	조
[za]	[ji]	[zu]	[ze]	[zo]

ひざ
ひざ
무릎

ひじ
ひじ
팔꿈치

みず
みず
물

かぜ
かぜ
바람

✦ だ행

だ	ぢ	づ	で	ど
다	지	즈	데	도
[da]	[ji]	[zu]	[de]	[do]

だいがく
だいがく
대학

はなぢ
はなぢ
코피

こづつみ
こづつみ
소포

まど
まど
창문

✦ ば행

ば	び	ぶ	べ	ぼ
바	비	부	베	보
[ba]	[bi]	[bu]	[be]	[bo]

ばら
ばら
장미꽃

えび
えび
새우

ぶた
ぶた
돼지

べんとう
べんとう
도시락

앞에서 배운 히라가나 청음에 작은 동그라미 한 개를 붙여, 반만 탁하게 발음합니다. 하행에만 붙으며, 파행으로 바뀌게 됩니다.

✦ ぱ행

ぱ	ぴ	ぷ	ぺ	ぽ
파	피	푸	페	포
[pa]	[pi]	[pu]	[pe]	[po]

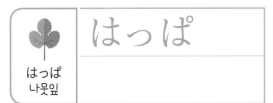

はっぱ
나뭇잎

ぴかぴか
반짝반짝

てんぷら
튀김

ほっぺた
볼

たんぽぽ
민들레

74

반모음 や, ゆ, よ가 い단 き, し, ち, に, ひ, み, り에 작게 쓰여 한 글자처럼 발음됩니다. 두 글자처럼 보이지만 한 박자의 길이로 발음해 주세요.

✦ きゃ행

きゃ	きゅ	きょ
캬	큐	쿄
[kya]	[kyu]	[kyo]

✦ ぎゃ행

ぎゃ	ぎゅ	ぎょ
갸	규	교
[gya]	[gyu]	[gyo]

きゅうり	
きゅうり 오이	きゅうり

ぎゅうにゅう	
ぎゅうにゅう 우유	ぎゅうにゅう

✦ しゃ행

しゃ	しゅ	しょ
샤	슈	쇼
[sha]	[shu]	[sho]

✦ じゃ행

じゃ	じゅ	じょ
쟈	쥬	죠
[ja]	[ju]	[jo]

しゃしん	
しゃしん 사진	しゃしん

しんじゅ	
しんじゅ 진주	しんじゅ

✦ ちゃ행

ちゃ	ちゅ	ちょ
챠	츄	쵸
[cha]	[chu]	[cho]

✦ にゃ행

にゃ	にゅ	にょ
냐	뉴	뇨
[nya]	[nyu]	[nyo]

おちゃ	
おちゃ 차	おちゃ

こんにゃく	
こんにゃく 곤약	こんにゃく

반모음처럼 〈요음〉

✦ ひゃ행

ひゃ	ひゅ	ひょ
햐	휴	효
[hya]	[hyu]	[hyo]

100 ひゃく 100	ひゃく

✦ びゃ행

びゃ	びゅ	びょ
뱌	뷰	뵤
[bya]	[byu]	[byo]

300 さんびゃく 300	さんびゃく

✦ ぴゃ행

ぴゃ	ぴゅ	ぴょ
퍄	퓨	표
[pya]	[pyu]	[pyo]

800 はっぴゃく 800	はっぴゃく

✦ みゃ행

みゃ	みゅ	みょ
먀	뮤	묘
[mya]	[myu]	[myo]

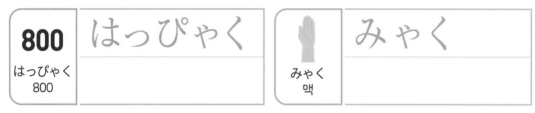 みゃく 맥	みゃく

✦ りゃ행

りゃ	りゅ	りょ
랴	류	료
[rya]	[ryu]	[ryo]

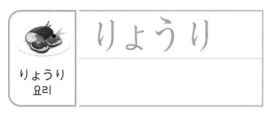 りょうり 요리	りょうり

 우리말의 받침과 같은 역할을 하고, た행의 つ를 작게 적어 촉음이라고 합니다. 뒤에 오는 글자에 따라 소리가 달라지며, 반드시 촉음도 한 박자의 길이로 발음해 주세요.

발음	붙이는 행	단어
[ㄱ]	か행 (か、き、く、け、こ)	がっこう 가ㄱ꼬 학교
[ㅂ]	ぱ행 (ぱ、ぴ、ぷ、ぺ、ぽ)	いっぱい 이ㅂ빠이 가득
[ㅅ]	さ행 (さ、し、す、せ、そ)	ざっし 자ㅅ씨 잡지
	た행 (た、ち、つ、て、と)	きって 키ㅅ테 우표

がっき
악기

がっき

せっけん
비누

せっけん

きっさてん
찻집

きっさてん

なっとう
낫토

なっとう

しっぽ
꼬리

しっぽ

さっぽろ
삿포로

さっぽろ

받침처럼 〈발음〉

발음은 일본어의 ん을 가리키는 말입니다. 일본어의 ん도 우리나라의 받침과 같은 역할을 하며 뒷 글자에 따라 발음이 달라집니다. ん도 한 박자의 길이로 발음해 주세요.

발음	붙이는 행	단어
[ㅇ]	か행, が행 앞	おんがく 오ㅇ가꾸 음악
[ㄴ]	さ행, ざ행, た행, だ행, な행, ら행 앞	かんじ 카ㄴ지 한자
[ㅁ]	ま행, ば행, ぱ행 앞	さんま 사ㅁ마 꽁치
[ㄴ,ㅇ 중간음]	あ행, は행, や행, わ행 앞 또는 단어의 가장 끝	でんわ 데ㅇ와 전화

とんぼ
잠자리

とんぼ

えんとつ
굴뚝

えんとつ

りんご
사과

りんご

かんこく
한국

かんこく

かばん
가방

かばん

しんぶん
신문

しんぶん

같은 모음이 중복되어 나올 때 앞 글자를 길게 발음해 줍니다. 장음도 한 박자예요.

① あ단 + あ

おかあさん
오까-상
엄마, 어머니

② い단 + い

おにいさん
오니-상
형, 오빠

③ う단 + う

ゆうき
유-끼
용기

④ え단 + え 또는 い

おねえさん
오네-상
언니, 누나

せんせい
센세-
선생님

⑤ お단 + お 또는 う

おおい
오-이
많다

ほんとう
혼또-
정말

おばあさん
할머니

おばあさん

おじいさん
할아버지

おじいさん

せんぷうき
선풍기

せんぷうき

とけい
시계

とけい

おおさか
오사카

おおさか

おとうさん
아버지

おとうさん

1. 다음 중 같은 발음을 골라 짝지어 보세요.

じ	ず	お	づ	ぢ	を

2. 다음 중 세 박자를 가진 단어는 총 몇 개인가요?

> えいが　おばあさん　せんせい　きって　あい

3. 듣기 파일에 나오는 히라가나를 듣고 색칠해 보세요. 어떤 글자가 나오나요? 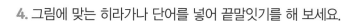 Track 18

な	い	り	ん	お
う	に	ざ	ら	み
さ	ぱ	ぬ	だ	あ
しょ	か	さ	ね	ぞ
は	は	や	ま	の

어떤 글자가 나왔나요?

☐

4. 그림에 맞는 히라가나 단어를 넣어 끝말잇기를 해 보세요.

			→				→			→			

✦ 곳곳에 있는 힌트를 참고하여 히라가나 표를 완성해 보세요.

あ				
				🐟
	し	☁		と
	に		🐱	ほ
🍤				め
		☁		
ら		を		ん

カタカナ

- ⊘ 청음
- ⊘ 탁음
- ⊘ 반탁음
- ⊘ 요음
- ⊘ 촉음
- ⊘ 발음
- ⊘ 장음

가타카나 워밍업 (ア행~ン)

＊ 먼저 가타카나를 눈에 익히고 귀로 들으면서 친해져 보아요. 지금 이 글자는 이렇게 읽는구나 정도만 알아도 됩니다.

🍎 청음

ア행	ア a	イ i	ウ u	エ e	オ o

カ행	カ ka	キ ki	ク ku	ケ ke	コ ko

サ행	サ sa	シ shi	ス su	セ se	ソ so

タ행	タ ta	チ chi	ツ tsu	テ te	ト to

ナ행	ナ na	ニ ni	ヌ nu	ネ ne	ノ no

ハ행	ハ ha	ヒ hi	フ hu	ヘ he	ホ ho

マ행	マ ma	ミ mi	ム mu	メ me	モ mo

ヤ행	ヤ ya		ユ yu		ヨ yo

ラ행	ラ ra	リ ri	ル ru	レ re	ロ ro

ワ행·ン	ワ wa		ヲ wo		ン n

＊
원어민 발음과
함께 공부해 보세요!

올인원 페이지

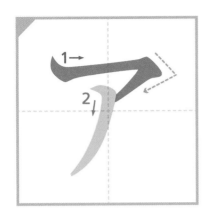

ア 아 [a]

アイウエオ

일상 단어와 같이 알아보기

・ **アイス** [아이스] 아이스

 발음 우리말 '아'와 발음이 거의 같습니다.

✎ **순서대로 쓰기**

ー ア

ア	ア			
ア	ア			
ア	ア			

ア	イ	ス	ア	イ	ス

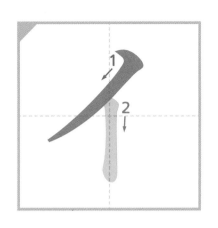

イ 이 [i]

アイウエオ

일상 단어와 같이 알아보기

・ インク [잉쿠] 잉크

발음 우리말 '이'와 발음이 거의 같습니다.

순서대로 쓰기

ノ イ

イ	イ			
イ	イ			
イ	イ			

イ	ン	ク	イ	ン	ク

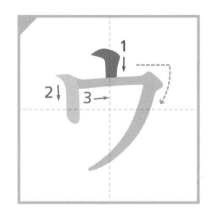

ウ 우 [u]

アイウエオ

일상 단어와 같이 알아보기

 ・ **ウイルス** [우이루스] 바이러스

 발음 일본어의 ウ발음은 입술을 둥글게 하지 않고 약간만 내밀어서 부드럽게 발음합니다.

✏️ **순서대로 쓰기** ヽ ゛ ウ

ウ	ウ			
ウ	ウ			
ウ	ウ			

ウ	イ	ル	ス	ウ イ
ル	ス			

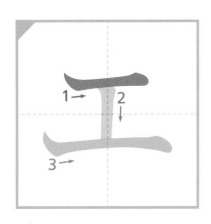

エ 에 [e]

일상 단어와 같이 알아보기

・ エアコン [에아콩] 에어컨

발음 우리말 '애'와 '에'의 중간 정도의 발음입니다.

순서대로 쓰기

一　　丁　　エ

エ	エ			
エ	エ			
エ	エ			

エ	ア	コ	ン	エ	ア
コ	ン				

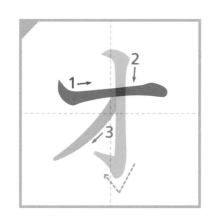

オ 오 [오]

アイウエオ

일상 단어와 같이 알아보기

 ・ **オイル** [오이루] 기름

🔵 **발음**　'오'와 거의 비슷하지만, 입술을 내밀지 않고 발음합니다.

📝 **순서대로 쓰기**

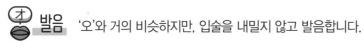

一　ナ　オ

オ	オ			
オ	オ			
オ	オ			
オ	イ	ル	オ	イ	ル

1. 다음 중 올바른 ア행의 발음을 골라 보세요.

ア	ウ	イ	エ	オ
•	•	•	•	•
•	•	•	•	•
아	이	우	에	오

2. 가타카나 '아' 행을 찾아서 동그라미 해 봅시다.

イタリア　オムライス

3. 다음 낱말을 알맞은 그림과 연결하세요.

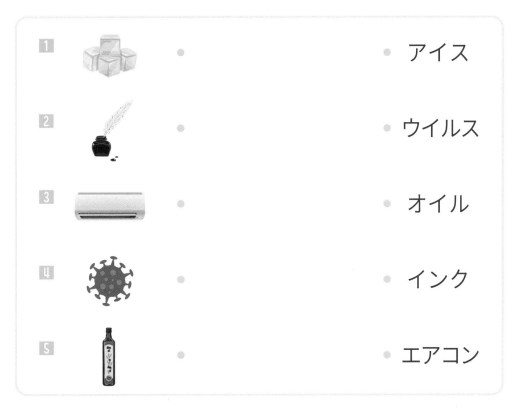

1 • • アイス

2 • • ウイルス

3 • • オイル

4 • • インク

5 • • エアコン

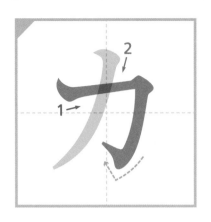

カ 카 [ka]

カキクケコ

일상 단어와 같이 알아보기

・ カメラ [카메라] 카메라

발음 カ는 '카'나 'ka'로 표기하지만, 사실은 '가'와 '카'의 중간 정도의 음으로 발음합니다.
カ가 단어의 중간이나 끝에 올 경우는 '까'로 발음합니다.

순서대로 쓰기

フ カ

カ	カ			
カ	カ			
カ	カ			

カ	メ	ラ	カ	メ	ラ

キ 키 [ki]

 カキクケコ

일상 단어와 같이 알아보기

 ・ スキー [스키ー] 스키

 발음 カ와 마찬가지로 '기'보다는 강하게, '키'보다는 약하게 발음합니다.

🧽 **순서대로 쓰기**   一   二   キ

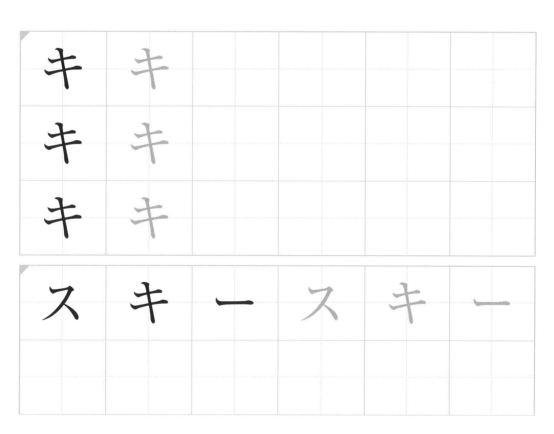

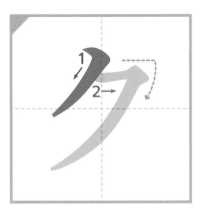

ク 쿠 [ku]

カ キ ク ケ コ

일상 단어와 같이 알아보기

・ **クッキー** [쿡키-] 쿠키

 발음 우리말 '구'와 '쿠'의 중간 정도의 발음입니다.

순서대로 쓰기

ノ ク

ク	ク				
ク	ク				
ク	ク				
ク	ッ	キ	ー	ク	ッ
キ	ー				

ケ 케 [ke]

カ キ ク ケ コ

일상 단어와 같이 알아보기

 • ケーキ [케ー키] 케잌

발음 우리말 '게'와 '케'의 중간 정도의 발음입니다.

순서대로 쓰기

丿 ケ ケ

ケ	ケ			
ケ	ケ			
ケ	ケ			

ケ	ー	キ	ケ	ー	キ

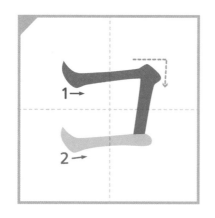

コ 코 [ko]

カ キ ク ケ コ

일상 단어와 같이 알아보기

• ココア [코코아] 코코아

발음 우리말 '고'와 '코'의 중간 정도의 발음입니다.

순서대로 쓰기

フ コ

コ	コ				
コ	コ				
コ	コ				

コ	コ	ア	コ	コ	ア

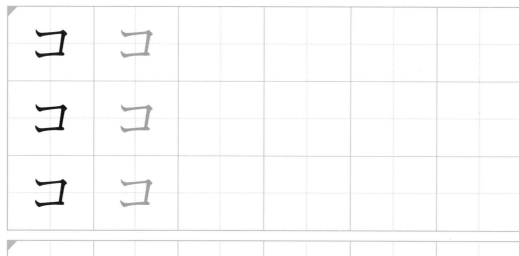

1. 다음 중 올바른 カ행의 발음을 골라 보세요.

カ	ク	コ	ケ	キ
카	키	케	쿠	코

2. 가타카나 '카' 행을 찾아서 동그라미 해 봅시다.

カラオケ　コート　キロ

3. 다음 낱말을 알맞은 그림과 연결하세요.

1　ケーキ

2　スキー

3　カメラ

4　クッキー

5　ココア

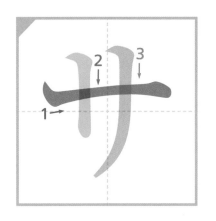

サ 사 [sa]

サ シ ス セ ソ

일상 단어와 같이 알아보기

- **サイズ** [사이즈] 사이즈

🔊 **발음**   우리말 '사'와 발음이 거의 같습니다.

✏️ **순서대로 쓰기**   ー   十   サ

サ	サ			
サ	サ			
サ	サ			

サ	イ	ズ	サ	イ	ズ

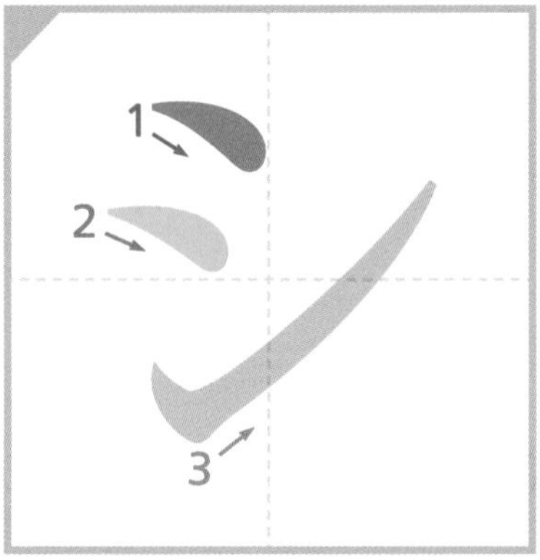

シ 시 [shi]

サ シ ス セ ソ

일상 단어와 같이 알아보기

 • シアター [시아타–] 극장

발음 '시'보다는 '쉬'에 가깝게 발음하며, 발음할 때 혀가 아래쪽으로 붙어야 합니다.

순서대로 쓰기

丶 ⺀ シ

シ	シ				
シ	シ				
シ	シ				

シ	ア	タ	ー	シ	ア
タ	ー				

ス 스 [su]

サ シ ス セ ソ

일상 단어와 같이 알아보기

 · **スタイル** [스타이루] 스타일

발음 '수'보다는 '스'에 가깝게 발음합니다. 입술을 둥글게 하지 않고 너무 앞으로 내밀지 않도록 합니다.

순서대로 쓰기

フ ス

ス	ス				
ス	ス				
ス	ス				
ス	タ	イ	ル	ス	タ
イ	ル				

p

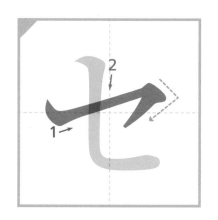

セ 세 [se]

일상 단어와 같이 알아보기

 ・ **セーター** [세–타–] 스웨터

발음 우리말 '세'와 발음이 같습니다.

순서대로 쓰기

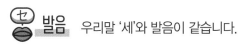

→   セ

セ	セ				
セ	セ				
セ	セ				

セ	ー	タ	ー	セ	ー
タ	ー				

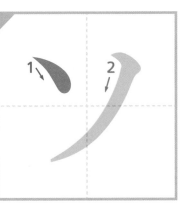

ソ 소 [SO]

サ シ ス セ ソ

일상 단어와 같이 알아보기

 ・ ソース [소ー스] 소스

 발음   우리말 '소'와 발음이 같습니다.

순서대로 쓰기   ヽ ソ

1. 다음 중 올바른 サ행의 발음을 골라 보세요.

サ	シ	ス	セ	ソ
●	●	●	●	●
●	●	●	●	●
사	스	시	소	세

2. 가타카나 '사' 행을 찾아서 동그라미 해 봅시다.

サラダ　スポーツ　システム

3. 다음 낱말을 알맞은 그림과 연결하세요.

1 ●　　　● サイズ

2 ●　　　● スタイル

3 ●　　　● セーター

4 ●　　　● ソース

5 ●　　　● シアター

タ 타 [ta]

タチツテト

일상 단어와 같이 알아보기

タイ [타이] 타이

발음 우리말 '타'에 가까운 발음이지만, 단어의 중간이나 끝에 올 때는 '따'에 가깝게 발음합니다.

순서대로 쓰기

ノ　ク　タ

タ	タ			
タ	タ			
タ	タ			

タ	イ	タ	イ	

チ

1 2 3

チ 치 [chi]

タチツテト

일상 단어와 같이 알아보기

• チキン [치킹] 치킨

발음 '치'보다는 '찌'에 좀 더 가깝습니다.

순서대로 쓰기

チ	チ										
チ	チ										
チ	チ										

チ	キ	ン	チ	キ	ン

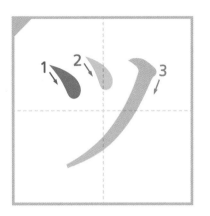

ツ 츠 [tsu]

タチツテト

일상 단어와 같이 알아보기

・ツイン [츠잉] 트윈

발음 혀 끝부분을 앞니 뒷면과 잇몸이 맞닿아 있는 경계선 부분에 살짝 댄 상태에서 혀로 살짝 차면서 '쯔'라고 발음합니다.

순서대로 쓰기

`  ゙  ゙  ツ`

テ 테 [te]

일상 단어와 같이 알아보기

テント [텐또] 텐트

 발음 우리말 '테'와 '데' 중간 정도의 발음이지만, '테'에 좀 더 가깝습니다. 단어의 중간이나 끝에 올 때는 '떼'에 가깝게 발음합니다.

✏️ **순서대로 쓰기**

一　二　テ

テ	テ			
テ	テ			
テ	テ			
テ	ン	ト	テ ン ト

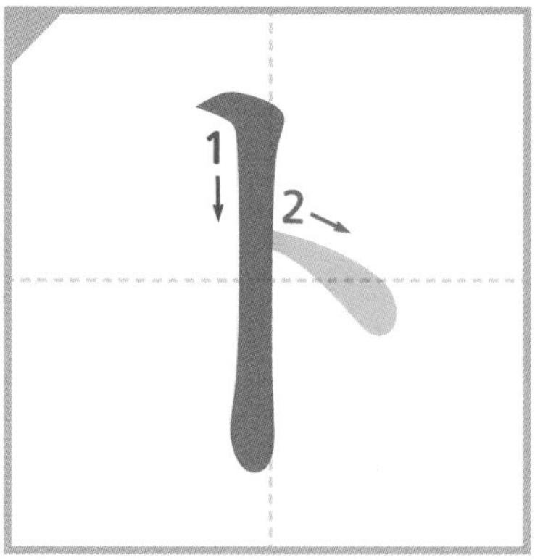

ト 토 [to]

일상 단어와 같이 알아보기

 ・ トイレ [토이레] 화장실

발음 우리말 '토'와 발음이 거의 같습니다.

순서대로 쓰기

丨 ト

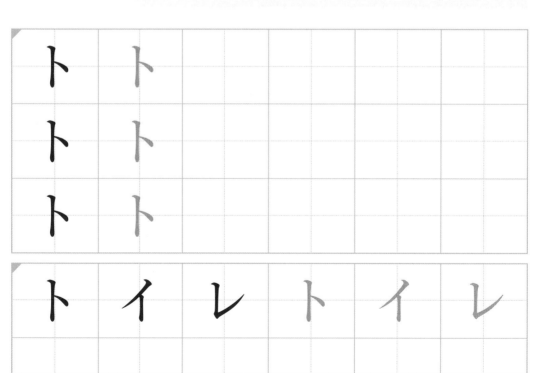

ト	ト				
ト	ト				
ト	ト				

ト	イ	レ	ト	イ	レ

잠깐 체크

1. 다음 중 올바른 タ행의 발음을 골라 보세요.

タ	ツ	チ	テ	ト
타	츠	치	토	테

2. 가타카나 '타' 행을 찾아서 동그라미 해 봅시다.

タオル　ツアー　テレビ

3. 다음 낱말을 알맞은 그림과 연결하세요.

1. ・　　　　　　・ タイ
2. ・　　　　　　・ チキン
3. ・　　　　　　・ トイレ
4. ・　　　　　　・ テント
5. ・　　　　　　・ ツイン

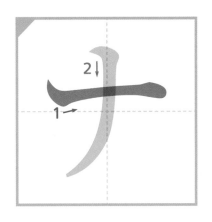

ナ 나 [na]

ナニヌネノ

일상 단어와 같이 알아보기

 ・ バナナ [바나나] 바나나

발음 우리말 '나'와 발음이 같습니다.

순서대로 쓰기

一 ナ

ナ	ナ				
ナ	ナ				
ナ	ナ				
バ	ナ	ナ	バ	ナ	ナ

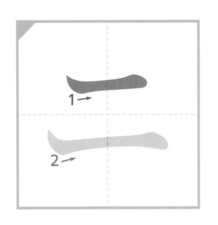

ニ 니 [ni]

ナニヌネノ

일상 단어와 같이 알아보기

🎾 • **テニス** [테니스] 테니스

 발음   우리말 '니'와 발음이 거의 같습니다.

🧽 **순서대로 쓰기**   ー   ニ

ヌ 누 [nu]

ナ ニ ヌ ネ ノ

일상 단어와 같이 알아보기

🥢 ・ ヌードル [누-도루] 누들

발음 우리말 '누'와 '느'의 중간 정도의 발음입니다.

✏️ **순서대로 쓰기**

フ ヌ

ヌ	ヌ			
ヌ	ヌ			
ヌ	ヌ			

ヌ	ー	ド	ル	ヌ	ー
ド	ル				

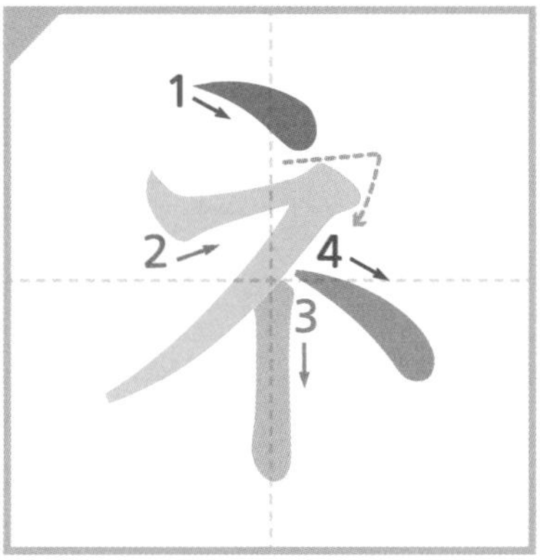

ネ 네 [ne]

ナ ニ ヌ ネ ノ

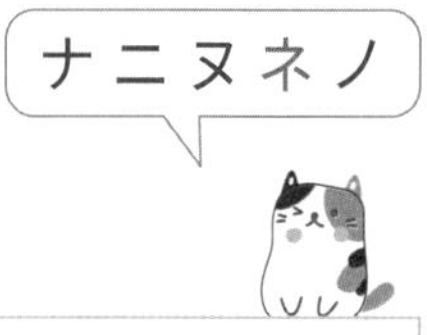

일상 단어와 같이 알아보기

- ネクタイ [네쿠타이] 넥타이

발음 우리말 '네'와 발음이 거의 같습니다.

순서대로 쓰기

ヽ ラ ネ ネ

ネ	ネ				
ネ	ネ				
ネ	ネ				

ネ	ク	タ	イ	ネ	ク
タ	イ				

ノ 노 [no]

ナ ニ ヌ ネ ノ

일상 단어와 같이 알아보기

ノ・ノート [노-토] 노트

발음 우리말 '노'와 발음이 거의 같습니다.

순서대로 쓰기

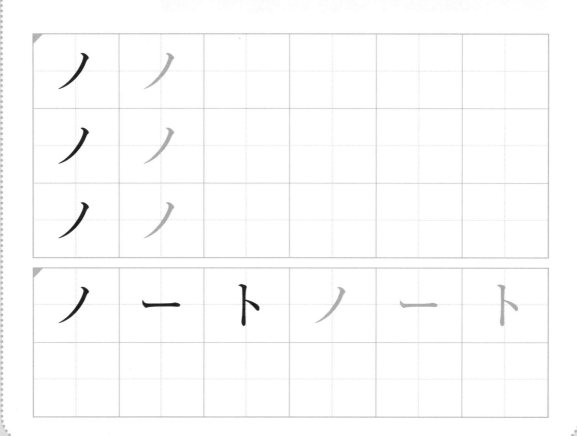

잠깐 체크

1. 다음 중 올바른 ナ행의 발음을 골라 보세요.

ナ	ニ	ノ	ヌ	ネ
●	●	●	●	●
●	●	●	●	●
나	누	네	노	니

2. 가타카나 '나' 행을 찾아서 동그라미 해 봅시다.

ナース　ニーズ　ネーム

3. 다음 낱말을 알맞은 그림과 연결하세요.

1　●　　　　　● ネクタイ

2　●　　　　　● ノート

3　●　　　　　● バナナ

4　●　　　　　● ヌードル

5　●　　　　　● テニス

八 하 [ha]

일상 단어와 같이 알아보기

❤ · ハート [하-토] 하트

 발음 우리말 '하'와 발음이 거의 같습니다.

순서대로 쓰기 ノ 八

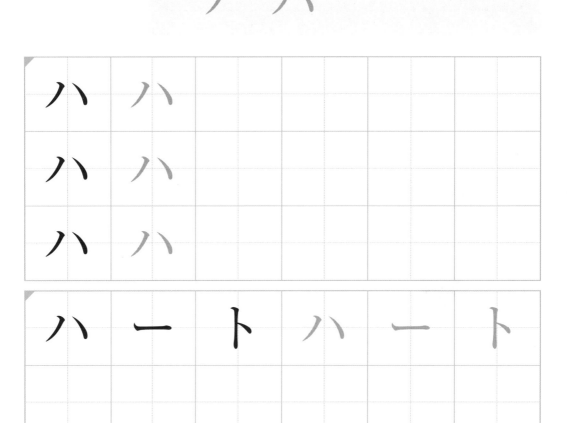

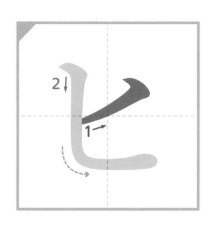

ヒ 히 [hi]

ハ ヒ フ ヘ ホ

일상 단어와 같이 알아보기

• コーヒー [코-히-] 커피

발음 우리말 '히'와 발음이 거의 같습니다.

순서대로 쓰기

ノ ヒ

ヒ	ヒ				
ヒ	ヒ				
ヒ	ヒ				

コ	ー	ヒ	ー	コ	ー
ヒ	ー				

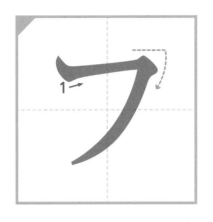

フ 후 [hu]

ハ ヒ フ ヘ ホ

일상 단어와 같이 알아보기

 ・ マフラー [마후라ー] 머플러

 발음   우리말 '후'와 '흐'의 중간 정도의 발음입니다.

순서대로 쓰기

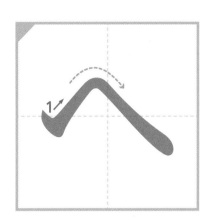

ヘ 헤 [he]

ハ ヒ フ ヘ ホ

일상 단어와 같이 알아보기

 ・ ヘア [헤아] 머리카락

발음 우리말 '헤'와 발음이 거의 같습니다.

순서대로 쓰기

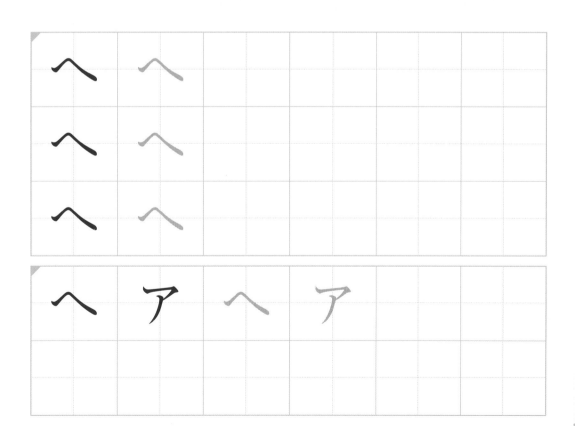

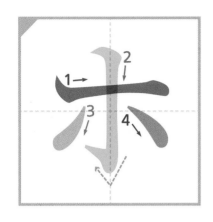

ホ호[ho]

ハヒフヘホ

일상 단어와 같이 알아보기

HOTEL • ホテル [호테루] 호텔

발음 우리말 '호'와 발음이 거의 같습니다.

순서대로 쓰기

一　十　オ　ホ

ホ	ホ	
ホ	ホ	
ホ	ホ	

ホ	テ	ル	ホ	テ	ル

1. 다음 중 올바른 ハ행의 발음을 골라 보세요.

ハ	ヒ	フ	ヘ	ホ
●	●	●	●	●
●	●	●	●	●
하	후	헤	호	히

2. 가타카나 '하' 행을 찾아서 동그라미 해 봅시다.

フランス　ハイキング　ヒーロー

3. 다음 낱말을 알맞은 그림과 연결하세요.

1		●		● ホテル
2		●		● ヘア
3		●		● コーヒー
4		●		● ハート
5		●		● マフラー

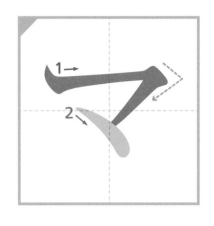

マ 마 [ma]

マミムメモ

일상 단어와 같이 알아보기

 ・ マイク [마이쿠] 마이크

발음 우리말 '마'와 발음이 거의 같습니다.

순서대로 쓰기

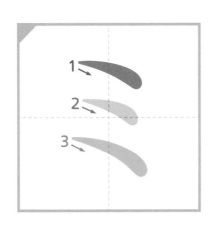

ミ 미 [mi]

일상 단어와 같이 알아보기

- ミルク [미루꾸] 우유

 발음 우리말 '미'와 발음이 거의 같습니다.

✏️ **순서대로 쓰기**

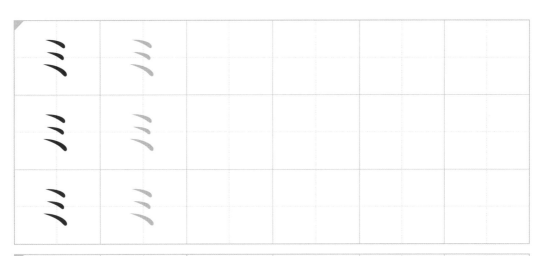

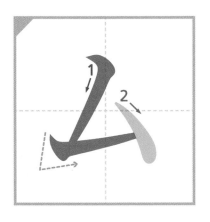

ム 무 [mu]

일상 단어와 같이 알아보기

 ・ ゲーム [게-무] 게임

발음 우리말 '무'와 '므'의 중간 정도의 발음입니다.

순서대로 쓰기

ㄴ ム

ム	ム				
ム	ム				
ム	ム				
ゲ ー ム	ゲ ー ム				

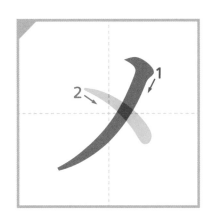

メ 메 [me]

マ ミ ム メ モ

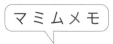

일상 단어와 같이 알아보기

 ・ **メール** [메-루] 메일

 발음 우리말 '메'와 발음이 거의 같습니다.

 순서대로 쓰기

ノ メ

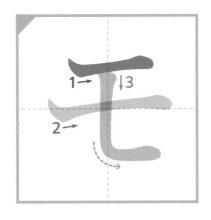

モ 모 [mo]

マ ミ ム メ モ

일상 단어와 같이 알아보기

メモ [메모] 메모

발음 우리말 '모'와 발음이 거의 같습니다.

순서대로 쓰기

一　　二　　モ

モ	モ			
モ	モ			
モ	モ			
メ	モ	メ	モ	

1. 다음 중 올바른 マ행의 발음을 골라 보세요.

マ	ム	ミ	メ	モ
•	•	•	•	•
•	•	•	•	•
마	무	메	미	모

2. 가타카나 '마' 행을 찾아서 동그라미 해 봅시다.

マスカラ　メロン　ホームラン

3. 다음 낱말을 알맞은 그림과 연결하세요.

1 • • マイク

2 • • メール

3 • • ミルク

4 • • ゲーム

5 • • メモ

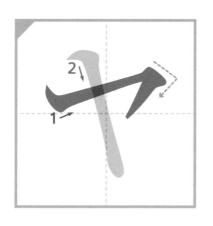

ヤ 야 [ya]

ヤ ユ ヨ

일상 단어와 같이 알아보기

ヤクルト [야쿠루토] 요구르트

발음 우리말 '야'와 발음이 같습니다.

순서대로 쓰기 　ㄱ　ヤ

ヤ	ヤ			
ヤ	ヤ			
ヤ	ヤ			
ヤ	ク	ル	ト	ヤ	ク
ル	ト			

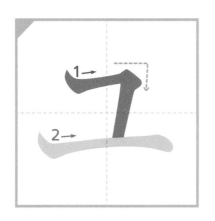

ユ 유 [yu]

ヤ　ユ　ヨ

일상 단어와 같이 알아보기

👔 · **ユニホーム** [유니호-무] 유니폼

🫦 **발음** 우리말 '유'와 거의 같지만, 입술을 앞으로 내밀지 않고 발음합니다.

🧽 **순서대로 �기**

ㄱ　　ユ

ユ	ユ			
ユ	ユ			
ユ	ユ			

ユ	ニ	ホ	ー	ム
ユ	ニ	ホ	ー	ム

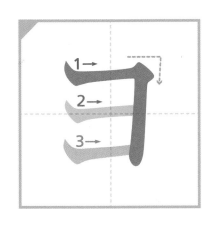

ㅋ요 [yo]

일상 단어와 같이 알아보기

 ヨガ [요가] 요가

발음 우리말 '요'와 거의 같지만, 입술을 앞으로 내밀지 않고 발음합니다.

순서대로 쓰기

ㄱ   ㅋ   ヨ

ヨ	ヨ				
ヨ	ヨ				
ヨ	ヨ				
ヨ	ガ	ヨ	ガ		

1. 다음 중 올바른 ヤ행의 발음을 골라 보세요.

ヤ   グ   ョ

야   요   유

2. 가타카나 '야' 행을 찾아서 동그라미 해 봅시다.

ヨット　タイヤ　ユーザー

3. 다음 낱말을 알맞은 그림과 연결하세요.

1   ●   ●   ヨガ

2   ●   ●   ユニホーム

3   ●   ●   ヤクルト

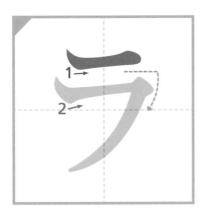

ラ 라 [ra]

ラリルレロ

일상 단어와 같이 알아보기

 ・ ラジオ [라지오] 라디오

 발음　우리말 '라'와 발음이 거의 같습니다.

 순서대로 쓰기　ー　ラ

ラ	ラ			
ラ	ラ			
ラ	ラ			

ラ	ジ	オ	ラ	ジ	オ

リ 리 [ri]

ラリルレロ

일상 단어와 같이 알아보기

🎀 · リボン [리봉] 리본

발음 우리말 '리'와 발음이 거의 같습니다.

순서대로 쓰기

ㅣ リ

リ	リ			
リ	リ			
リ	リ			

リ	ボ	ン	リ	ボ	ン

ル 루 [ru]

ラリルレロ

일상 단어와 같이 알아보기

 · ルビー [루비ー] 루비

발음 우리말 '루'와 발음이 거의 같습니다. 입술을 앞으로 내밀지 않고 발음합니다.

순서대로 쓰기

ノ　ル

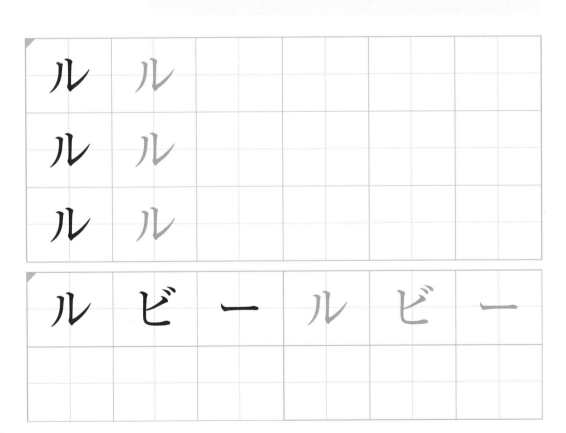

ル	ル			
ル	ル			
ル	ル			
ル	ビ	ー	ル	ビ	ー

レ 레 [re]

ラリルレロ

일상 단어와 같이 알아보기

 ・ レモン [레몬] 레몬

 발음 우리말 '레'와 발음이 거의 같습니다.

순서대로 쓰기

レ

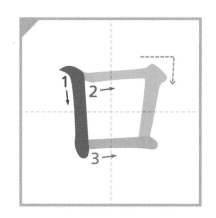

口 로 [ro]

ラリルレ口

일상 단어와 같이 알아보기

 발음   우리말 '로'와 발음이 거의 같습니다.

・ メロン [메론] 메론

순서대로 쓰기

	丨	冂	口	

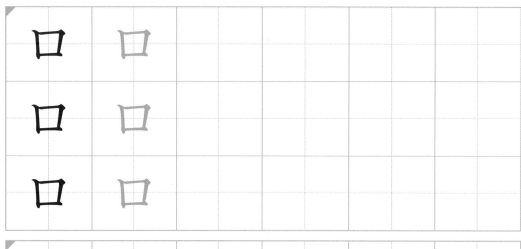

1. 다음 중 올바른 ラ행의 발음을 골라 보세요.

ラ	リ	ル	レ	ロ
•	•	•	•	•
•	•	•	•	•
리	라	레	루	로

2. 가타카나 '라' 행을 찾아서 동그라미 해 봅시다.

ライバル   レストラン   ロビー

3. 다음 낱말을 알맞은 그림과 연결하세요.

1	•	•	ラジオ
2	•	•	レモン
3	•	•	メロン
4	•	•	ルビー
5	•	•	リボン

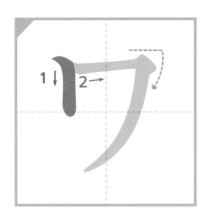

ワ 와 [wa]

일상 단어와 같이 알아보기

・ ワイン [와인] 와인

발음 우리말 '와'와 비슷하지만, 입 모양을 크게 바꾸지 않고 부드럽게 발음하는 것이 자연스럽습니다.

순서대로 쓰기   ｜ ワ

ワ	ワ				
ワ	ワ				
ワ	ワ				
ワ	イ	ン	ワ	イ	ン

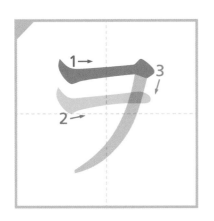

ヲ오 [wo]

일상 단어와 같이 알아보기

- 가타카나 ヲ는 조사로도 쓰이지 않아요.

 발음   ヲ는 히라가나 お와 발음이 거의 같습니다.

✎ **순서대로 쓰기**   一   二   ヲ

ン 응 [n]

일상 단어와 같이 알아보기

・ペン [펜] 펜

 발음 '응'이라고 읽지만, 단어의 첫머리에 오는 경우는 거의 없고, 다른 음 뒤에 붙어서 'ㅁ, ㄴ, ㅇ' 받침과 같이 발음됩니다.

순서대로 쓰기

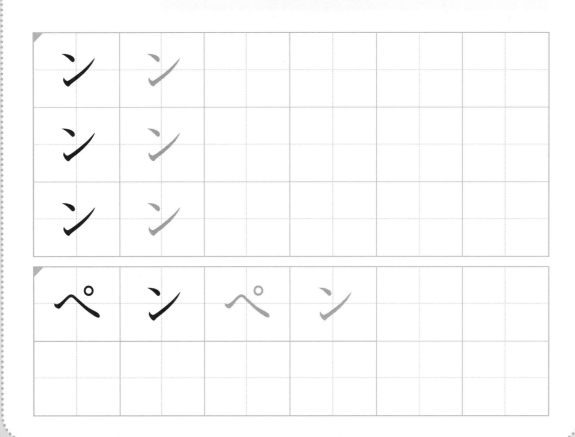

1. 다음 중 올바른 발음을 골라 보세요.

ワ · ヲ · ン ·

· 와 · 응 · 오

2. 가타카나 '와' 행과 '응'을 찾아서 동그라미 해 봅시다.

ワイフ　アンテナ　センス

3. 다음 낱말을 알맞은 그림과 연결하세요.

1 · · ワイン

2 · · ペン

ア 아 [a]	ア										
マ 마 [ma]	マ										

▷ ア는 두번째 획의 길이가 길게 내려옵니다. マ는 두번째 획의 길이가 ア보다 짧아요.

ツ 츠 [tsu]	ツ										
シ 시 [shi]	シ										

▷ ツ(츠)는 세번째 획을 위에서 밑으로 내려줍니다. シ(시)는 세번째 획을 밑에서 위로 올려줘요.

ウ 우 [u]	ウ										
ワ 와 [wa]	ワ										
ク 쿠 [ku]	ク										

▷ ウ는 위에 꼭지가 달려 있습니다. ワ는 위에 꼭지를 떼어줍니다. ク는 ワ에 비해서 폭이 좁고 약간 기울어져 있어요.

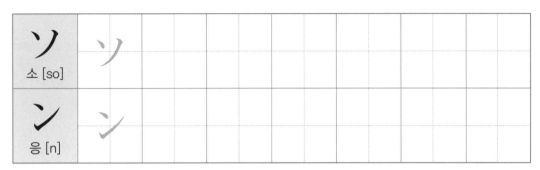

▷ ソ(소)는 두번째 획을 위에서 밑으로 내려줍니다. ン(응)은 두번째 획을 밑에서 위로 올려줘요.

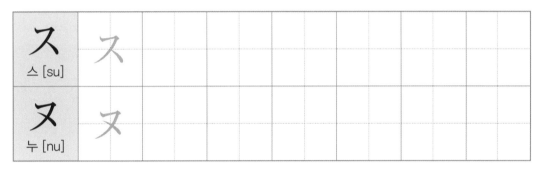

▷ ス는 한글 'ㅈ'과 비슷한 모양입니다. ヌ는 두번째 획을 사선으로 쭉 그어주세요.

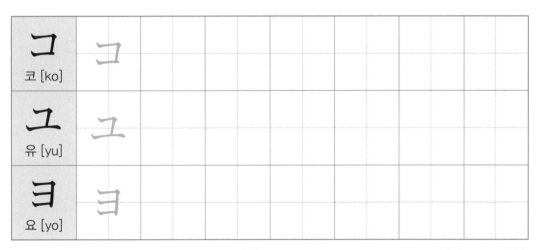

▷ コ(코)는 한글 'ㄷ'을 반대로 한 모양이에요. ユ(유)는 마지막 획의 길이가 그보다 길며, ヨ(요)는 한글 'ㅌ'을 반대로 한 모양입니다.

1. 다음 중 '아' 행 글자를 모두 골라 보세요.

| ア | ヤ | ウ | レ | イ | オ |

2. 다음 중 '카' 행 글자를 모두 골라 보세요.

| カ | サ | キ | チ | コ | テ |

3. 다음 중 '마' 행 글자를 모두 골라 보세요.

| マ | モ | ン | ユ | ミ | ワ |

4. 올바른 행을 연결하여 빙고를 만들어 보세요.

ラ	キ	ク	ケ	コ
イ	リ	ミ	ン	ヲ
ウ	カ	ル	ス	ヌ
エ	ホ	タ	レ	ナ
オ	フ	く	シ	ロ

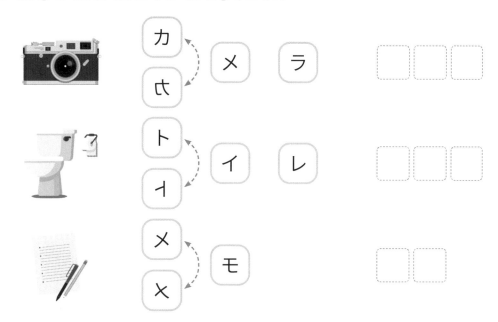

5. 다음 중 올바른 글자를 골라 단어를 완성해 보세요.

カ
弋
メ　ラ

ト
イ
イ　レ

メ
メ
モ

6. 다음 중 틀린 글자를 찾아 올바르게 써 보세요.

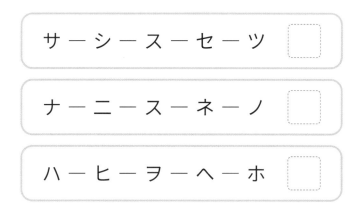

サ ― シ ― ス ― セ ― ツ

ナ ― ニ ― ス ― ネ ― ノ

ハ ― ヒ ― ヲ ― ヘ ― ホ

7. 다음 그림을 보고 빈칸에 알맞은 가타카나를 넣어 보세요. 빈칸에 들어가는 가타카나를 합치면 어떤 단어가 나오나요?

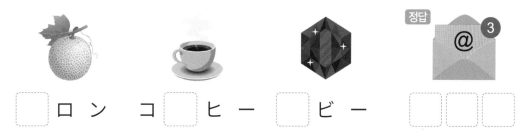

정답 ③

ロ ン　コ ヒ ー　ビ ー

탁한 발음 〈탁음〉

 앞에서 배운 가타카나 청음에 작은 점 두 개를 붙이면 발음이 탁해집니다.
카, 사, 타, 하행에만 붙으며 가, 자, 다, 바행으로 바뀌게 됩니다.

◆ ガ행

ガ	ギ	グ	ゲ	ゴ
가	기	구	게	고
[ga]	[gi]	[gu]	[ge]	[go]

ガラス
유리

ガラス

ギター
기타

ギター

グラフ
그래프

グラフ

ゲート
게이트

ゲート

◆ ザ행

ザ	ジ	ズ	ゼ	ゾ
자	지	즈	제	조
[za]	[ji]	[zu]	[ze]	[zo]

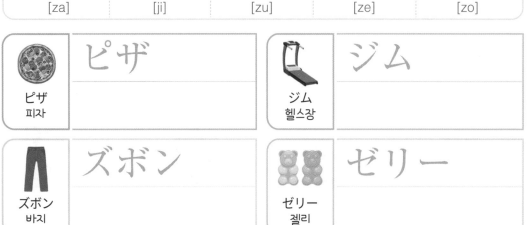

ピザ
피자

ピザ

ジム
헬스장

ジム

ズボン
바지

ズボン

ゼリー
젤리

ゼリー

✦ ダ행

ダ	ジ	ヅ	デ	ド
다	지	즈	데	도
[da]	[ji]	[zu]	[de]	[do]

サラダ
サラダ
샐러드

チヂミ
チヂミ
부침개

デパート
デパート
백화점

ドライブ
ドライブ
드라이브

✦ バ행

バ	ビ	ブ	ベ	ボ
바	비	부	베	보
[ba]	[bi]	[bu]	[be]	[bo]

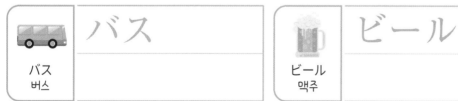

バス
バス
버스

ビール
ビール
맥주

ラブレター
ラブレター
러브레터

ベル
ベル
벨

149

앞에서 배운 가타카나 청음에 작은 동그라미 한 개를 붙여, 반만 탁하게 발음합니다. 하행에만 붙으며, 파행으로 바뀌게 됩니다.

✦ パ행

パ	ピ	プ	ペ	ポ
파	피	푸	페	포
[pa]	[pi]	[pu]	[pe]	[po]

パスタ
파스타

パスタ

ピアノ
피아노

ピアノ

プリン
푸딩

プリン

ペーパー
페이퍼

ペーパー

ポイント
포인트

ポイント

반모음처럼 〈요음〉

 반모음 ヤ, ユ, ヨ는 イ단 キ, シ, チ, ニ, ヒ, ミ, リ에 작게 쓰여 한 글자처럼 발음됩니다. 두 글자처럼 보이지만 한 박자의 길이로 발음해 주세요.
외래어의 요음은 ヤ, ユ, ヨ외에 ア, イ, エ, オ를 작게 표기하는 경우도 있습니다.

✦ キャ행

キャ	キュ	キョ
캬	큐	쿄
[kya]	[kyu]	[kyo]

✦ ギャ행

ギャ	ギュ	ギョ
갸	규	교
[gya]	[gyu]	[gyo]

✦ シャ행

シャ	シュ	ショ
샤	슈	쇼
[sha]	[shu]	[sho]

✦ ジャ행

ジャ	ジュ	ジョ
쟈	쥬	죠
[ja]	[ju]	[jo]

✦ チャ행

チャ	チュ	チョ
챠	츄	쵸
[cha]	[chu]	[cho]

✦ ニャ행

ニャ	ニュ	ニョ
냐	뉴	뇨
[nya]	[nyu]	[nyo]

✦ ヒャ행

ヒャ	ヒュ	ヒョ
햐	휴	효
[hya]	[hyu]	[hyo]

✦ ビャ행

ビャ	ビュ	ビョ
뱌	뷰	뵤
[bya]	[byu]	[byo]

✦ ピャ행

ピャ	ピュ	ピョ
퍄	퓨	표
[pya]	[pyu]	[pyo]

✦ ミャ행

ミャ	ミュ	ミョ
먀	뮤	묘
[mya]	[myu]	[myo]

✦ リャ행

リャ	リュ	リョ
랴	류	료
[rya]	[ryu]	[ryo]

キャラメル 캐러멜	キャラメル	シャツ 셔츠	シャツ
ニュース 뉴스	ニュース	チョコレート 초콜릿	チョコレート
ショップ 숍	ショップ	ミュージック 뮤직	ミュージック
ファイル 파일	ファイル	ボランティア 자원봉사	ボランティア
ウェブ 웹	ウェブ	スマートフォン 스마트폰	スマートフォン

カッ

우리말의 받침과 같은 역할을 하고, タ행의 ツ를 작게 적어 촉음이라고 합니다. 뒤에 오는 글자에 따라 소리가 달라지며, 반드시 촉음도 한 박자의 길이로 발음해 주세요.

ネックレス
옥걸이

ネックレス

メッセージ
메세지

メッセージ

ダイエット
다이어트

ダイエット

ベッド
침대

ベッド

ショッピング
쇼핑

ショッピング

ン

발음은 일본어의 ン을 가리키는 말입니다. 일본어의 ン은 우리나라의 받침의 역할을 하며 뒷 글자에 따라 발음이 달라집니다. ン도 한 박자의 길이로 발음해 주세요.

ハンバーガー
햄버거

ハンバーガー

オレンジ
오렌지

オレンジ

コンサート
콘서트

コンサート

シンガポール
싱가폴

シンガポール

コンビニ
편의점

コンビニ

가타카나의 장음은 ―로 표기하며, 같은 모음이 중복되어 나올 때 앞 글자를 길게 발음해 줍니다. 장음도 한 박자예요.

カード
카드

カード

デザート
디저트

デザート

カレンダー
달력

カレンダー

スキー
스키

スキー

インターネット
인터넷

インターネット

가타카나 연습문제 ②

1. 다음 중 같은 발음을 골라 짝지어 보세요.

ジ	ズ	オ	ヅ	ヂ	ヲ

2. 다음 중 세 박자를 가진 단어는 총 몇 개인가요?

> コーヒー　アイス　ルビー　ネックレス　ピザ

3. 듣기 파일에 나오는 가타카나를 듣고 색칠해 보세요. 어떤 글자가 나오나요? Track 36

ナ	イ	リ	ン	オ
ウ	パ	ザ	シャ	ミ
サ	ニ	メ	ダ	ア
ラ	カ	ゾ	ネ	サ
ハ	マ	ヤ	マ	ノ

어떤 글자가 나왔나요?

4. 그림에 맞는 가타카나 단어를 넣어 끝말잇기를 해 보세요.

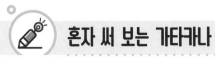
✦ 곳곳에 있는 힌트를 참고하여 가타카나 표를 완성해 보세요.

ア				
				コ
		ス		ト
		フ		
	リ			
				ン

157

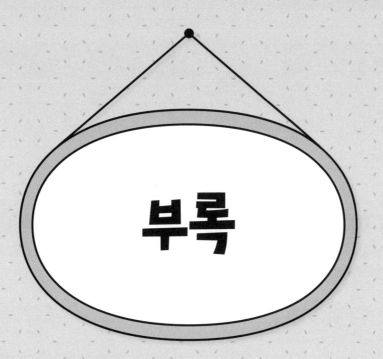

부록

ひらがな&カタカナ

おはよう 안녕(아침인사)	おはようございます 안녕하세요
おはよう	おはようございます

こんにちは 안녕(점심인사)	こんばんは 안녕하세요(저녁인사)
こんにちは	こんばんは

じゃあね 잘가!	また、あした 내일봐
じゃあね	また、あした

おやすみ 잘자	おやすみなさい 안녕히 주무세요
おやすみ	おやすみなさい

ありがとうございます 고맙습니다	どういたしまして 멀요
ありがとうございます	どういたしまして

すみません 죄송합니다	だいじょうぶです 괜찮습니다
すみません	だいじょうぶです

いただきます 잘 먹겠습니다	ごちそうさまでした 잘 먹었습니다
いただきます	ごちそうさまでした

いってきます 다녀오겠습니다	いってらっしゃい 잘 다녀오세요
いってきます	いってらっしゃい

ただいま 다녀왔습니다	おかえりなさい 잘 다녀왔어요?
ただいま	おかえりなさい

いらっしゃいませ 어서오세요	おめでとう 축하해
いらっしゃいませ	おめでとう

일본 이름에도 우리나라의 김, 이, 박 처럼 자주 쓰이는 성씨가 있는데요, 대표적인 이름을 한번 따라 써 보아요.

さとう 사토	すずき 스즈키	たかはし 타카하시

たなか 타나카	いとう 이토	わたなべ 와타나베

やまもと 야마모토	なかむら 나카무라	こばやし 코바야시

やまだ 야마다	まつもと 마츠모토	きむら 키무라

우리나라 성을 일본어로는 어떻게 쓸까요?

キム 김	イ 이	パク 박

カン 강	チョ 조	チェ 최

다음 메뉴판에 나와 있는 음식을 따라 써 보아요.

메뉴판

いちごたいふく	ようかん	プリン	だんご
딸기 찹쌀떡	양갱	푸딩	당고

うなぎ	おやこどん	おにぎり	からあげ
장어	오야코동	주먹밥	가라아 게

ラーメン	やきそば	おこのみやき	すきやき
라면	야키소바	오코노미야키	스키야키

일본어 글자는 발음대로 영어 로마자로 입력하면 가나로 자동으로 변환됩니다. 스마트폰이나 컴퓨터로 단어를 검색하거나 메일을 보낼 때 꼭 필요한데요, 문자를 마스터했다면 이젠 키보드로 일본어 치는 법을 알아 볼까요?

청음 자판

▫ あい 사랑 `a` `i`
▫ わたし 나 `wa` `ta` `si`

▫ のり 김 `no` `ri`
▫ かさ 우산 `ka` `sa`

▫ ほし 별 `ho` `si`
▫ ゆき 눈 `yu` `ki`

요음 자판

▫ きゅうり 오이 `kyu` `u` `ri`
▫ しんじゅ 진주 `si` `nn` `ju`

▫ しゃしん 사진 `sya` `si` `nn`
▫ ひゃく 백 `hya` `ku`

▫ おちゃ 차 `o` `cha`
▫ りょうり 요리 `ryo` `u` `ri`

탁음, 반탁음 자판

が ga	ざ za	だ da	ば ba	ぱ pa
ぎ gi	じ zi	ぢ di	び bi	ぴ pi
ぐ gu	ず zu	づ du	ぶ bu	ぷ pu
げ ge	ぜ ze	で de	べ be	ぺ pe
ご go	ぞ zo	ど do	ぼ bo	ぽ po

▫ かがみ 거울 `ka` `ga` `mi`   ▫ だいがく 대학 `da` `i` `ga` `ku`   ▫ かばん 가방 `ka` `ba` `nn`

▫ かぎ 열쇠 `ka` `gi`   ▫ たまご 달걀 `ta` `ma` `go`   ▫ ばら 장미 `ba` `ra`

어려운 가나 입력 방법

- 촉음 っ는 'KK', 'tt', 'PP', 'ss' 등 자음을 두 번씩 입력해도 됩니다.
- 작은 あ, い, う, え, お도 x + a, l, u, e, o로 입력하면 됩니다.

▫ がっき 악기 `ga` `kki`   ▫ がっこう 학교 `ga` `kkou`   ▫ きって 우표 `ki` `tte`

▫ なっとう 낫토 `na` `ttou`   ▫ しっぽ 꼬리 `si` `ppo`   ▫ さっぽろ 삿포로 `sa` `pporo`

ゆ	ゆ					よ	よ				
ユ	ユ					ヨ	ヨ				

ら	ら					り	り				
ラ	ラ					リ	リ				

る	る					れ	れ				
ル	ル					レ	レ				

ろ	ろ					わ	わ				
ロ	ロ					ワ	ワ				

を	を					ん	ん				
ヲ	ヲ					ン	ン				

잠깐 체크 (히라가나)

p.17

1. あ(아) い(이) う(우) え(에) お(오)
2. ⓞはよ⓾ あいしてる
3. ① あおい ② え ③ あい ④ いえ ⑤ うえ

p.23

1. か(카) き(키) く(쿠) け(케) こ(코)
2. え⓺ ⓺う⓺う ⓚいもの
3. ① こい ② いけ ③ あき ④ きく ⑤ あかい

p.29

1. さ(사) し(시) す(스) せ(세) そ(소)
2. ⓢかい おい⓵い おやⓢみ
3. ① かさ ② せき ③ すし ④ しお ⑤ すそ

p.35

1. た(타) ち(치) つ(츠) て(테) と(토)
2. ⓣこやき ⓣおい ⓣかⓣⓣ
3. ① たかい ② つくえ ③ て ④ そと
   ⑤ ちち

p.41

1. な(나) に(니) ぬ(누) ね(네) の(노)
2. ⓝりまき ⓝい ⓝる
3. ① のり ② いぬ ③ ねこ ④ にく ⑤ なつ

p.47

1. は(하) ひ(히) ふ(후) へ(헤) ほ(호)
2. みつⓗ ⓗのお ⓗこうき ⓗや
3. ① ひと ② はな ③ ふね ④ ほし ⑤ へそ

p.53

1. ま(마) み(미) む(무) め(메) も(모)
2. き⓶ な⓶え む⓶ おⓜい
3. ① むすめ ② みみ ③ もち ④ まめ
   ⑤ あめ

p.57

1. や(야) ゆ(유) よ(요)
2. ⓨろしく ⓨま ⓨくえふめい
3. ① やさい ② ひよこ ③ ゆき

p.63

1. ら(라) り(리) る(루) れ(레) ろ(로)
2. ⓡんあい さようなⓡ すⓡ
3. ① いろ ② そら ③ りす ④ くるま
   ⑤ すみれ

p.67

1. わ(와) お(오) ん(응)
2. ⓦかりませ⓷ くすり⓾のむ
3. ① きん ② わたし

1. あ、う、い

2. か、き、こ

3. ま、も、み

4.

か	き	く	け	ろ
い	ん	み	れ	ほ
う	も	る	す	ぬ
え	り	た	に	ち
ら	や	く	け	こ

5. つくえ　やさい　くるま

6. さ ⓛ すせそ
　 なにぬ ⓝ の
　 はひふへ ⓗ

7. か⟨さ⟩　き⟨く⟩　そ⟨ら⟩ ➡ ⟨さ⟩⟨く⟩⟨ら⟩

1. じ、ぢ　ず、づ　お、を

2. えいが、きって ➡ 2개

3.

な	い	り	ん	お
う	に	ざ	ら	み
さ	ぱ	ぬ	だ	あ
しょ	か	さ	ね	ぞ
は	は	や	ま	の

➡ へ

4.

でんわ

わたし

しお

おおさか

잠깐 체크 (가타카나)

p.93

1. ア(아)　イ(이)　ウ(우)　エ(에)　オ(오)
2. ⓘタリ㋐　㋔ムラ㋑ス
3. 1 アイス　2 インク　3 エアコン
   4 ウイルス　5 オイル

p.99

1. カ(카)　キ(키)　ク(쿠)　ケ(케)　コ(코)
2. ㋕ラオ㋘　㋙ート　㋖ロ
3. 1 スキー　2 クッキー　3 カメラ
   4 ココア　5 ケーキ

p.105

1. サ(사)　シ(시)　ス(스)　セ(세)　ソ(소)
2. ㋚ラダ　㋜ポーツ　㋛ステム
3. 1 スタイル　2 ソース　3 シアター
   4 サイズ　5 セーター

p.111

1. タ(타)　チ(치)　ツ(츠)　テ(테)　ト(토)
2. ㋟オル　㋡アー　㋢レビ
3. 1 タイ　2 トイレ　3 ツイン
   4 テント　5 チキン

p.117

1. ナ(나)　ニ(니)　ヌ(누)　ネ(네)　ノ(노)
2. ㋤ース　㋥ーズ　㋧ーム
3. 1 ノート　2 ネクタイ　3 ヌードル
   4 バナナ　5 テニス

p.123

1. ハ(하)　ヒ(히)　フ(후)　ヘ(헤)　ホ(호)
2. ㋦ランス　㋩イキング　㋪ーロー
3. 1 ヘア　2 コーヒー　3 ハート
   4 マフラー　5 ホテル

p.129

1. マ(마)　ミ(미)　ム(무)　メ(메)　モ(모)
2. ㋮スカラ　㋱ロン　ホー㋰ラン
3. 1 マイク　2 ミルク　3 メモ
   4 ゲーム　5 メール

p.133

1. ヤ(야)　ユ(유)　ヨ(요)
2. ㋵ット　タイ㋳　㋴ーザー
3. 1 ヨガ　2 ヤクルト　3 ユニホーム

p.139

1. ラ(라)　リ(리)　ル(루)　レ(레)　ロ(로)
2. ㋶イバ㋹　㋸ストラン　㋺ビー
3. 1 ラジオ　2 ルビー　3 リボン
   4 メロン　5 レモン

p.143

1. ワ(와)　ヲ(오)　ン(응)
2. ㋻イフ　アン㋬テナ　セン㋬ス
3. 1 ペン　2 ワイン

가타카나 연습문제 ①

1. ア、ウ、イ、オ

2. カ、キ、コ

3. マ、モ、ミ

4.

ラ	キ	ク	ケ	コ
イ	リ	ミ	ン	ヲ
ウ	カ	ル	ス	ヌ
エ	ホ	タ	レ	ナ
オ	フ	ク	シ	ロ

5. カメラ　トイレ　メモ

6. サ　シ　ス　セ　Ⓢ
　　ナ　ニ　Ⓝ　ネ　ノ
　　ハ　ヒ　Ⓕ　ヘ　ホ

7. Ⓜロン　コⒻヒー　Ⓡビー ➡ Ⓜ─Ⓡ

 가타카나 연습문제 ②

1. ジ、ヂ　ヲ、オ　ズ、ヅ

2. アイス、ルビー ➡ 2개

3.

ナ	イ	リ	ン	オ
ウ	パ	ザ	シャ	ミ
サ	ニ	メ	ダ	ア
ラ	カ	ゾ	ネ	サ
ハ	マ	ヤ	マ	ノ

➡ フ

4.

パスタ　　　　タイ

インク　　　　クッキー

173

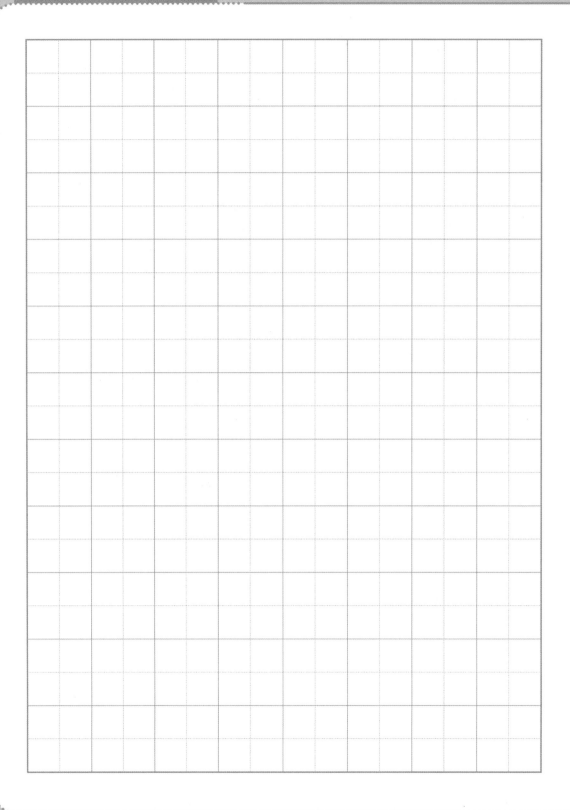

내 마음대로 쓰기

동양북스 채널에서 더 많은 도서
더 많은 이야기를 만나보세요!

 유튜브

 인스타그램

 블로그

 포스트

 페이스북

 카카오뷰

외국어 출판 45년의 신뢰
외국어 전문 출판 그룹
동양북스가 만드는 책은 다릅니다.

45년의 쉼 없는 노력과 도전으로 책 만들기에 최선을 다해온
동양북스는 오늘도 미래의 가치에 투자하고 있습니다.
대한민국의 내일을 생각하는 도전 정신과 믿음으로 최선을 다하겠습니다.

동양북스